コーパスで学ぶ
日本語学

日本語の
語彙・
表記

[編] 小椋秀樹

[著] 小椋秀樹　冨士池優美　宮内佐夜香
金　愛蘭　柏野和佳子

朝倉書店

編　者

<ruby>小<rt>お</rt></ruby><ruby>椋<rt>ぐら</rt></ruby>　<ruby>秀<rt>ひで</rt></ruby><ruby>樹<rt>き</rt></ruby>　　　立命館大学文学部 教授

著　者（執筆順）

<ruby>小<rt>お</rt></ruby><ruby>椋<rt>ぐら</rt></ruby>　<ruby>秀<rt>ひで</rt></ruby><ruby>樹<rt>き</rt></ruby>　　　立命館大学文学部 教授　　　（第1章、第5章、第6章、付録）

<ruby>冨<rt>ふ</rt></ruby><ruby>士<rt>じ</rt></ruby><ruby>池<rt>いけ</rt></ruby><ruby>優<rt>ゆ</rt></ruby><ruby>美<rt>み</rt></ruby>　　　玉川大学文学部 准教授　　　（第2章）

<ruby>宮<rt>みや</rt></ruby><ruby>内<rt>うち</rt></ruby><ruby>佐<rt>さ</rt></ruby><ruby>夜<rt>や</rt></ruby><ruby>香<rt>か</rt></ruby>　　　中京大学文学部 准教授　　　（第3章）

<ruby>金<rt>きむ</rt></ruby>　　<ruby>愛<rt>え</rt></ruby><ruby>蘭<rt>らん</rt></ruby>　　　日本大学文理学部 准教授　　　（第4章、付録）

<ruby>柏<rt>かし</rt></ruby><ruby>野<rt>の</rt></ruby><ruby>和<rt>わ</rt></ruby><ruby>佳<rt>か</rt></ruby><ruby>子<rt>こ</rt></ruby>　　　国立国語研究所 准教授　　　（第5章）

() 内は担当章

ま え が き

　2004 年に公開された『日本語話し言葉コーパス』以来、国立国語研究所による大規模な日本語コーパスの構築、公開が進んでいる。それとともに、これらの大規模コーパスを活用した実証的な語彙研究、表記研究が盛んになっている。

　本書では、『現代日本語書き言葉均衡コーパス』（以下、BCCWJ とする）から抽出したデータや「Web 茶まめ」による形態素解析済みデータを用いながら、日本語の語彙、表記に関する基本的事項、専門的事項について解説した。コーパスや形態素解析プログラム等のツールを使ってはいるが、その使い方やデータの集計方法ではなく、あくまで日本語の語彙、表記について学ぶことに主眼がある。

　本書は、第 1 章が日本語の語彙と表記に関する概説で、第 2 章から第 4 章が語彙、第 5 章と第 6 章とが表記という構成になっている。また最後に BCCWJ を利用する際に知っておきたい事項を付録として掲載した。以下、各章の概要を紹介する。

　第 1 章は、語彙、表記に関する概説である。語彙とは何か、語とは何かという基本的であるが、重要で、難しい問題をまず取り上げた。語については、それを定義することの難しさについて述べるとともに、コーパスにおける言語単位の考え方についても触れている。表記については、国語国字問題、その中でも漢字政策について解説した。国語国字問題を取り上げたのは、現代日本語の表記を考えるために知っておくべき知識と考えたことによる。

　語彙について解説した第 2 章から第 4 章では、量的構造、語形、意味、語種といった語彙の研究をする上で知っておいてほしい事項を取り上げた。

　第 2 章では、3 種類のテキストを対象として語彙の量的な構造について解説した。大規模コーパスの公開とともに、文系研究者にも使いやすいコーパス作

成のツール類が公開されている。ここでは、形態素解析支援アプリケーション「Web 茶まめ」を使って 3 種類のテキストに形態素解析を施し、語の認定の問題のほか、異なり語数・延べ語数など計量語彙論の基本的な事項について解説した。また、計量的な観点からテキストの特徴を明らかにする指標である名詞比率と MVR についても紹介している。

　第 3 章では、まず語形のバリエーションを取り上げた。BCCWJ が多様な書き言葉を収録している点を利用して、語形とレジスターとの関係について見たほか、語形変化と意味変化との関係についても解説した。第 3 章では対義語も取り上げた。語の対義関係を考えるということは語彙体系論的な考え方であるが、ここでは量的な観点を入れることで、対義語の非対称性などについて、語の使用実態に基づき、具体的に解説した。

　第 4 章は、語種についての解説である。「Web 茶まめ」による形態素解析では語種情報を付与できる。このことを利用して、芥川龍之介の 3 作品の形態素解析済みデータを作成して、語種比率の比較を行うとともに和語や漢語がどのような語群なのかについて解説した。また、意味分野と語種との関係や語彙体系における各語種の位置付けなどについても国立国語研究所の大規模語彙調査のデータを示しつつ解説している。

　表記について解説した第 5 章・第 6 章では、表記のゆれの現象を扱った。第 5 章では和語・漢語を、第 6 章では外来語を取り上げた。

　第 5 章では動詞「関わる」を例に表記とレジスター、意味用法との関係について解説した。また、異字同訓の「聞く」「聴く」、漢語「付属」「附属」を取り上げ、レジスターと表記のゆれとの関係を見るとともに、戦後の漢字政策との関わりについても解説した。

　第 6 章では BCCWJ のコアデータから抽出した外来語のデータを基に外来語表記のゆれの類型について概観した。その上で、原語で二重母音 [ei] を持つ外来語から「ディスプレー」を取り上げ、表記と意味用法との関係について解説した。表記について扱った第 5 章・第 6 章では、表記の研究を行う上で、意味用法といった言語内的要因に加えて、国語政策等の言語外的な要因への目配りも必要であることを主張した。

　巻末の付録では、BCCWJ を使う上で知っておいてもらいたい事項を解説し

た。取り上げたのは、見出しの階層構造、見出しの立て方、語種の認定、経年変化調査である。このうち、経年変化調査を除く三つは、BCCWJ の形態論情報に関する解説である。BCCWJ の形態論情報は、形態素解析辞書 UniDic を用いて付与しているため、実際には UniDic に関する解説となっている。UniDic は、BCCWJ だけでなく、国立国語研究所が構築した他のコーパスでも利用されている。したがって、付録で述べた形態論情報に関する解説は、基本的に国立国語研究所が構築したコーパスに共通するものとなっている。国立国語研究所のコーパスをよりよく利用するために、付録も是非読んでもらいたい。

　なお本書では、日本語の語彙、表記を学ぶことに主眼を置いたため、コーパス検索アプリケーション「中納言」による検索方法、Excel を使った KWIC データの集計方法などに関する記述は最低限に抑えた。その代わり、朝倉書店ウェブサイト（http://www.asakura.co.jp/）の本書該当ページに、例題の検索方法、データの集計方法について詳しく解説した資料を掲載した。[web] のアイコンが付いているものは、ウェブサイトを参照してもらいたい。

　ウェブ資料や本書付録によって、「中納言」の検索方法や BCCWJ の形態論情報についてしっかり理解した上で、各章末の演習、発展にも取り組んでもらいたい。コーパスを理解し、利用することによって、日本語の語彙・表記についての理解が一層深まることが実感されるはずである。

　2020 年 4 月

編者　小　椋　秀　樹

目　　次

第1章　総　　　説 ………………………………………〔小椋秀樹〕… 1

1　　　はじめに　　　　　　　　　　　　　　　　　　　　　1

2　　　語彙・語　　　　　　　　　　　　　　　　　　　　　2

3　　　文字・表記　　　　　　　　　　　　　　　　　　　　12

第2章　語彙の量的構造 ……………………………〔冨士池優美〕… 22

導　　入　「大きい木と大きな木との文法的な違いを説明してみる」とい
　　　　　う文は幾つの語から成るか　　　　　　　　　　　　22

例　題1　延べ語数と異なり語数を求める　　　　　　　　　　23

例　題2　延べ語数を用いて自立語の品詞構成比率を比較する　34

演　　習　「Web 茶まめ」を用いた形態素解析に基づいて品詞構成比率
　　　　　を調べ、文章の特徴を考える　　　　　　　　　　　42

第3章　語形と意味 ………………………………〔宮内佐夜香〕… 44

導　入1　『現代日本語書き言葉均衡コーパス』（BCCWJ）で「矢張り」
　　　　　と同様の意味を持つ複数の語形とその使用頻度を調べる　
　　　　　　　　　　　　　　　　　　　　　　　　　　　　44

例　題1　「矢張り」の各語形は媒体別にどのような頻度で現れるのか　45

導　入2　対義語のペア「深い」「浅い」の現れ方の差　　　　53

例　題2　「Xが深い」「深いX」の「X」にどのような名詞が現れるのか　54

演　習1　BCCWJ で付属語的要素の異語形「〜てしまう」「〜ちまう」
　　　　　「〜ちゃう」を調べる　　　　　　　　　　　　　　62

演　習2　『国語研日本語ウェブコーパス』を用いて対義語「深い」「浅
　　　　　い」などの関係について検証する　　　　　　　　　62

第4章 語　　　種 ……………………………………〔金　愛蘭〕… **63**

導　　入　「Web 茶まめ」を使って「近所の本屋に旅行のガイドブック
　　　　　を買いに行った」という文を形態素解析する　　　　　　　63

例　題 1　「猿蟹合戦」の語種構成比を調べる　　　　　　　　　　　64

例　題 2　「蜜柑」「蜘蛛の糸」「猿蟹合戦」の語種構成比を比べる　　69

例　題 3　BCCWJ で語種の異なる類義語「決まり」と「規則」の違い
　　　　　を調べる　　　　　　　　　　　　　　　　　　　　　　74

演　　習　「決まり」「規則」「ルール」の使用状況や意味・用法を NLB
　　　　　で調べ、これらの類義語がなぜ並存するのかを考える　　81

第5章 和語・漢語の表記 …………………〔小椋秀樹・柏野和佳子〕… **83**

導　　入　BCCWJ で「言葉」と「言語」に何種類の表記があるかを調
　　　　　べる　　　　　　　　　　　　　　　　　　　　　　　　83

例　題 1　動詞《カカワル（関）》の表記のゆれを調べる　　　　　　84

例　題 2　動詞《キク（聞）》と名詞《フゾク（付属）》の表記のゆれを
　　　　　調べる　　　　　　　　　　　　　　　　　　　　　　　93

演　習 1　《ケイタイ（携帯）》で「携帯電話」の意味を表す用例を収集
　　　　　し、表記の使用内訳を調べる　　　　　　　　　　　　　102

演　習 2　異字同訓の使用実態を国語辞典などの記述と比較し、よりよ
　　　　　い異字同訓の使い分けの指針になるような修正を考える　102

第6章 外来語の表記 ………………………………〔小椋秀樹〕… **103**

導　　入　BCCWJ で外来語「ウェブ」には何種類の表記があるか、ま
　　　　　た最も多く用いられるのはどの表記か　　　　　　　　　103

例　題 1　現代の書き言葉における外来語の表記のゆれを調べる　　104

例　題 2　外来語《ディスプレー》における表記のゆれを調べる　　115

演　習 1　BCCWJ で語末長音を持つ外来語表記のゆれの特徴を調べる　126

演　習 2　BCCWJ で原語で二重母音 [ei] を持つ外来語表記のゆれと、
　　　　　表記と語義との対応について調べる　　　　　　　　　　126

付　録……………………………………〔**小椋秀樹・金　愛蘭**〕…**128**

　付　録１　　見出しの階層構造 …………………………〔小 椋 秀 樹〕… 128

　付　録２　　見出しの立て方 ……………………………〔小 椋 秀 樹〕… 131

　付　録３　　BCCWJ における語種の認定 ………………〔金　　愛 蘭〕… 135

　付　録４　　BCCWJ を使った経年変化調査 ……………〔小 椋 秀 樹〕… 138

　索　　引 ……………………………………………………… 143

第1章
総　　説

小椋秀樹

1.　はじめに

　文章を書いたり、話をしたりするとき、自分の考え、気持ちを表現するのに適切な言い方や、その場面にふさわしい言い方がなかなか思い浮かばなくて困ることがある。また、小説などの文章を読んでいて、意味の分からない語が出てくることもある。このようなとき、「語彙が足りないな」「語彙を増やそう」「語彙力をもっと鍛えよう」などと思った人もいるだろう。

　文章を書くときに、語をどう表記するかで迷うこともある。よく問題となるのは、「収める‐修める‐納める‐治める」「作る‐造る‐創る」といった異字同訓と呼ばれる漢字である。これらの漢字は、その意味・用法を理解した上で、文脈に応じて書き分けることが求められる。外来語では、「ビーナス」と「ヴィーナス」、「パーティー」と「パーティ」のいずれで書くのがよいのかで迷った経験がある人もいるのではないだろうか。

　このように、私たちは日々の言語生活の中で語彙や表記に関わることで困ることがあるが、そもそもここで問題となる語彙とは、語とは何であろうか。また日本語では、同じ訓を持つ漢字が複数あって、それらを書き分けたり、同じ語であっても複数の書き表し方があったりする。日本語の表記は、いったいどのような特色を持っているのであろうか。

　本書では、主に『現代日本語書き言葉均衡コーパス』（以下、BCCWJ と略す）を使って日本語の語彙・表記の実態調査を行い、コーパスのデータを基に実証的な立場から語彙や表記の性質、特色などについて検討していくこととする。そのために、この第1章では、日本語の語彙・表記について概観する。具体的

には、2 節において語彙とは何か、語とは何かという問題のほか、語彙の二面性について見ていく。3 節では日本語の文字・表記の特色、国語国字問題などについて概観する。また第 2〜4 章では語彙について、第 5、6 章では表記について、BCCWJ の検索結果などを基に検討していく。付録では、BCCWJ を使って、語彙・表記の研究を行うに当たって知っておくべき事項について解説を加える。

2. 語彙・語

語彙とは

　前節で取り上げたように「語彙が足りない」「語彙を増やそう」というとき、語彙を量的な面から捉えていると見ることができる。また、「語彙を豊かにする」という言い方もある。この場合は、語彙を量的に捉えているだけでなく、質的な面からも捉えていると見ることができる。「語彙を広げる」「語彙の広がり」といった場合は、語彙をつながりを持ったネットワークとして捉えているともいえる。

　語彙は、言語研究（語彙論）の専門用語であるが、ふだんの生活で見聞きすることのある語であり、一般語化している。また、上に述べたことからも分かるとおり、様々な観点から捉えることのできるものである。

　ここでは、語彙について言語研究の世界ではどのように定義されているのかについて見ていきたい。そこでまず、語彙という専門用語に使われている漢字に着目してみよう。「語」「彙」のいずれも常用漢字表に掲げられた漢字で、「語」は小学校で、「彙」は中学校で学習する漢字である。しかし「彙」は、「語彙」のほか「彙報」で目にすることがある程度で、「語」と比べてなじみのない漢字である。またその意味もあまり理解されていないのではないだろうか。この「彙」を『新字源』改訂新版で検索すると、次のように意味が記述されている。

(1) 　① はりねずみ。㊒ 蝟・猬　② あつめる。あつまる。類をもってあつめる。（用例略）

「彙」の原義は動物のはりねずみである。はりねずみは、針のような毛が密集し

て生えている。その様子から、「あつまる」「あつめる」といった抽象化した意味が派生したと考えられる。

　語彙の「彙」は、この「あつまる」「あつめる」という意味で用いられたものである。したがって、語彙とは漢字の意味からすると、「語の集まり」ということになる。

　語彙論の専門用語としての語彙は、「ある特定の条件を持った語の集まり」と定義することができる。「ある特定の条件」というのは、様々に規定することができる。例えば、言語の種類、地域、階層、分野、作品、個人などが考えられる。「日本語」「英語」という条件を設定した場合には「日本語の語彙」「英語の語彙」というものが考えられるし、地域を設定した場合には「京都方言の語彙」「鹿児島方言の語彙」といったものが考えられる。そのほか、「万葉集の語彙」「源氏物語の語彙」「感情を表す語彙」「色彩語彙」というものも考えられる。これらは、いずれも「日本語」「英語」「京都方言」「鹿児島方言」「万葉集」「源氏物語」「感情」「色彩」という特定の条件を持った語の集まり（総体）を指している。

　ここで注意したいのは、語彙はあくまで「語の"集まり（総体）"」であり、語彙と語とは同じではないという点である。例えば、「「源氏物語」における「あはれ」という語彙は…」という使い方を目にしたり、耳にしたりすることがあるだろう。このような語彙という用語の使い方は、『日本国語大辞典』第2版に、次のように記述されている用法に当たるものである。

　(2)　ご-い［‥ヰ］【語彙】(中略)
　　　(3)　(俗に)ある単語の集まりに属する単語。用語。

「(俗に)」とあるように、専門用語である語彙が一般語化し、本来の「語の集まり」という意味ではなく、単に語（単語）という意味で用いられるようになったものである。「「あはれ」という語彙」といった場合、「あはれ」という1語を指し示す際に語彙という用語を使ったものであり、語の集まりが形成されているわけではない。この場合は、「「源氏物語」における「あはれ」という語は…」というべきである。

　「「源氏物語」における感情を表す語彙」という使い方であれば、問題はない。

この場合、「「源氏物語」における感情を表す」ということが特定の条件となり、その条件に合う語として、「あはれ」をはじめ「をかし」「うし」「うたてし」などが挙げられる。このように複数の語によって集まり（グループ）が形成される場合に使うのが、専門用語としての語彙の正しい使い方である。一般語化した語彙に見られる俗用を言語研究の世界に持ち込まないよう注意しなければならない。

語　と　は

　語彙は、上述のとおり語の集まりとして定義される。それでは、語彙を構成する要素である語とは一体どのように定義されるのかということが問題となる。しかしこの問題は非常に難しく、誰もが納得するような答えが示されていないのが現状である。本書では、ひとまず次のように定義しておくこととする。

　　(3)　語彙を構成する一つ一つの要素で、一定の形と意味とを持つ言語形式。

ただしこのような定義をしたとしても、あるテキストを語に区切り、語を取り出そうとした場合、何を語とするかは立場によって大きく異なることになる。

　英語などのように分かち書きをしている言語であれば、ひとまず分かち書きによって区切られた一まとまりを語として認定することになるであろう。

　しかし日本語は分かち書きをしない言語であるため、語を区切る際に手掛かりになる情報がテキスト中に存在しない。国立国語研究所（1987：11）に、

　　(4)　日本語の語い調査でいちばんこまることは、「単語」という単位が確立
　　　　していないことである。語い調査といえば、単語を対象とするのが当然
　　　　と考えられるのに、その「単語」の範囲は、人によってくいちがう。

とあるように、語の区切り方については、人によって様々な考え方がある。例えば、「国立国会図書館」という語は、次のように4通りの区切り方が考えられる。

　　(5)　a.　／国立国会図書館／
　　　　b.　／国立／国会図書館／
　　　　c.　／国立／国会／図書館／

　　d.　／国立／国会／図書／館／

　aは「国立国会図書館」全体で一つの組織を表すため、全体で1語とするという考え方である。bは「国立科学博物館」｜国立西洋美術館」のように「国立＋○○○」という語構成の語があるため、「国立」と「国会図書館」とに分割できるという考え方である。cは「中央図書館」「総合図書館」のように「○○＋図書館」という語構成の語が、dは「博物館」「文書館」のように「○○＋館」という語構成の語があるため、それぞれ「国会」と「図書館」とに、「図書」と「館」とに分割できるという考え方である。

　このような日本語における語の認定の問題は、語の長さの問題と呼ばれる。国立国語研究所の語彙調査では、「国立国会図書館」を1語と認定する調査もあれば、「国立／国会／図書／館」と4語に認定する調査もあり、ほぼ毎回、異なる語の認定法が使われている。

　ここで注意しておきたいのは、幾通りもの語の区切り方が考えられる場合、どれか一つの区切り方だけが正しく、そのほかは間違った区切り方と考えるのは適切ではないということである。「国立国会図書館」の場合、(5)のa〜dの区切り方には、そのように区切る明確な根拠がある。その根拠が、言語学的に見て問題のないものである限り、どの区切り方も間違った区切り方だということはできないのである。

　語の認定の問題には、長さの問題のほかに、語の幅と呼ばれる問題もある。これは、

(6)　書か（ない）／書き（ます）／書い（た）／書く
(7)　やはり／やっぱり／やっぱ
(8)　（お金を）預かる／（政治に）与る

などについて、それぞれ同一の語と認めるか、別の語として扱うかという問題である。語の長さの問題と比べて、注目されることは少ないが、何を語とするかということを考える場合、見過ごすことのできない重要な問題である。また、語の長さの問題と同様に、人によって考え方に違いが生じるものである。

　このことについて、上に挙げた(6)〜(8)を例に考えてみたい。用例(6)は、

動詞「書く」の活用形（未然形、連用形、連用形-イ音便、終止・連体形）を挙げたものである。先の (3) に示したように、語について「一定の形」を持つと定義した。もし同一の語形を持たなければ、同一の語とは認められないという立場に立つと、(6) に挙げた四つの活用形は全て別の語ということになる。しかし意味上の相違はなく、また私たちには活用という文法的な働きについての知識があるため、これらを別の語として扱うことはない。

　用例 (7) も (6) と同様に、それぞれ形の違いがある。しかし「やっぱり」は「やはり」の語形変化したものとして捉えることができ、「やっぱ」はその「やっぱり」の省略形として捉えることができる。このように語形が異なっても、その変化の過程を追うことができるのであれば、同一語と見なすことができる。

　(8) についてはどうであろうか。「預かる」は他動詞、「与る」は自動詞という違いがある。また語の意味も、「預かる」が「引き受けて保管する」という意味であるのに対し、「与る」は「関係する」という意味であり、かなり異なっている。これらのことを重視すれば、「預かる」と「与る」とは別語であるという判断があり得よう。

　しかし『日本国語大辞典』第 2 版の語誌には、

(9)　本来は【二】のような物品や物事をまかされて一時的に保管する意の他動詞であるが、漢文を訓読する場で、【一】(1) のような「…にあづかる」の形の自動詞が生まれたと思われる。

とある。この記述から、「与る」は「預かる」から派生した語であることが分かる。語源的に同じ一つの語であることを重視する立場を取れば、「預かる」と「与る」とを同一の語と認めることもできる。

　国語辞典を見ても、「預かる」と「与る」とを一つの見出しにまとめるか、別の見出しにするかに違いがある。表 1.1 は、国語辞典 8 種における「預かる」「与る」の立項状況を一覧にしたものである。「立項状況」列に「預かる・与る」とあるものは「預かる」と「与る」とを一つの見出しにまとめていることを、それ以外のものは「預かる」と「与る」とを別の見出しとして立項していることを表す。

　表 1.1 を見ると、「預かる」と「与る」とを一つの見出しにまとめる国語辞典

表 1.1　「預かる」「与る」の立項状況

	立項状況
『岩波国語辞典』第 7 版新版	預かる・与る
『学研現代新国語辞典』改訂第 6 版	与る
	預かる
『現代国語例解辞典』第 5 版	預かる・与る
『三省堂国語辞典』第 7 版	与る
	預かる
『新選国語辞典』第 9 版	与る
	預かる
『新潮現代国語辞典』第 2 版	預かる・与る
『日本国語大辞典』第 2 版	預かる・与る
『明鏡国語辞典』第 2 版	与る
	預かる

と別の見出しにする国語辞典とがそれぞれ 4 種類ずつある。今回、国語辞典を調査した範囲では、1 語とするか別の語とするかの判断がまさにゆれているのである。このようなことからも、語の幅の問題は人によって考え方に違いが生じるものだということが確認できる。

　以上、語とは何かについて見てきた。本節では、ひとまず語を「語彙を構成する一つ一つの要素で、一定の形と意味とを持つ言語形式」と定義した。しかしこのように定義したとしても、テキストを語に区切ろうとすると、語の長さの問題、語の幅の問題があり、誰もが同じように語を認定できるわけではない。誰もが納得するような定義が示されていない理由がここにある。

　ところで、コーパスでは、そこに収録された種々のテキストを語に区切り、同一の語と見なした語には、同じ見出し、品詞、語種等の情報を付与していく。ここでテキストを語に区切るといったが、実際には語の長さの問題があり、その区切り方は幾通りも考えられる。また同様に、同一の語と見なすといっても様々な立場があり得る。

　このような問題があるが、コーパスを構築する以上、ある立場（もちろん言語学的に問題のない立場）を取って、語の認定を行っていくことになる。言い

換えれば、コーパスにおける語は、幾つか可能性が考えられる中から、そのコーパスの目的に合ったものを採用しているということである。コーパスを活用する際には、背後にこのような問題があることを理解しておく必要がある。なお、語の長さの問題については、第2章でも述べる。

語彙の二面性

　先に語彙の定義について説明した際、「語彙が足りない」「語彙を増やす」といった場合は語彙を量的な面から、「語彙を豊かにする」といった場合は語彙を量的な面に加えて、質的な面からも捉えていると見ることができると述べた。

　実際に語彙は、質的な面と量的な面とを併せ持っている。例えば、留学生が日本の大学で学ぶために必要な語彙というものを考えてみよう。質的な面からは、留学生が日本の大学で学ぶために必要な語とはどのような語かを考えることになる。また、各種の専門分野を設定し、その分野の学習に必要な語を考えたり、大学での学習を読む・聞く・話す・書くという言語活動に分けて、それぞれの活動に必要な語を考えたりすることもできる。更には、類義、対義といった意味的な関係で語をグループ化し、語の習得を支援することも考えられるだろう。一方、量的な面からは、留学生が日本の大学で学ぶために必要な語は何語か考えることになる。このように語彙は質的に捉えられる性格と、量的に捉えられる性格とを持っている。このような語彙の性格を「語彙の二面性」と呼ぶ。

　本節では、語彙に関する質的、量的二つの考え方について見ていくこととする。

　語彙体系論　　語彙がどのような語で構成されているか、語彙を構成する語がそれぞれどのようなつながりを持っているかを考えるということは、語彙を体系（各要素が何らかの関係によって結ばれている集合）として捉えようということである。このような語彙の考え方を「語彙体系論」という。

　言語研究の一分野として語彙論があり、語彙の体系について考えるということは、当たり前のことのように思われる。しかし宮島（1994：7）に、

　(10)　言語が体系的であることの強調は、20世紀言語学の特徴である。それ

　　は音韻論でもっとも あきらかな 形をとった。文法論、とくに形態論
　　では 体系性は ふるくから当然のことだった。これらの部門の成功に
　　刺激されて、語彙もまた体系である、体系的にあつかわなければ、た
　　だしく とらえられない、とする主張が のべられた。日本でも、泉井
　　久之助が「語彙は常に各要素が張り合ってゐる統一体である。」とのべ
　　たのは、1935 年のことだった。

とあるように、音韻論、文法論に比べてその歴史は浅い。泉井久之助の主張が
述べられたのは 1935 年であるが、前田（1985：88）には、

(11)　語彙としてのまとまりが問題とされ、国語学、国語史学の一部門とし
　　　ての、国語語彙論、国語語彙史が考えられるようになったのは、ごく
　　　最近のことである。

とあり、語彙論という分野の確立には泉井久之助から更に 50 年を要したことが
分かる。
　音韻や文法とは異なり、語彙を体系的に捉えるという考えが広まらなかった
背景には、語彙を構成する語の数が極めて膨大であることがある。音韻論で考
えると、日本語における音素の数は 24 しかなく、またそもそも音素自体が他の
音素とまぎれないよう互いに張り合っているシステムとして捉えられるもので
あり、体系性が明瞭である。一方、全ての語の関係を明らかにし、語彙の体系
として示すことは極めて難しい。
　しかし語彙に体系がないと考えることも適切ではない。語と語との結び付き
が明瞭なものも存在する。例えば、最も代表的なものとして指示詞が挙げられ
る。指示詞は、表 1.2 のような組織として捉えることができる。
　これは、話し手からの距離と指示対象との組合せによって指示詞を組織化し
たものである。このように組織化してみた場合、人物を指し示す語として「ソ
イツ」という指示詞をここに加えると、近称に《コイツ》の、遠称に《アイツ》
の、不定称に《ドイツ》の存在を想定することができる。音韻体系において、
その欠落部分を補うのと同じことである。
　このほかに、概念の抽象化の段階によって語を組織的に整理するものもある。

表 1.2　指示詞の体系

	指　定	事　物	場　所	方　向	状　態
近　称	コノ	コレ	ココ	コチラ	コンナ
中　称	ソノ	ソレ	ソコ	ソチラ	ソンナ
遠　称	アノ	アレ	アソコ	アチラ	アンナ
不定称	ドノ	ドレ	ドコ	ドチラ	ドンナ

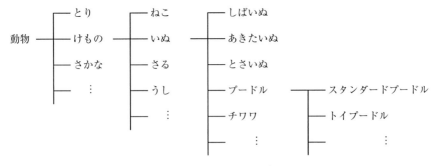

図 1.1　概念による体系

　図 1.1 は、その一例である。

　この図では、右の方にある個別的、具体的な語が左にいくにつれて抽象的、概括的な語にまとめ上げられている。このような図で表現する場合、語彙の豊富な分野であれば、重層的な体系となるが、語彙の乏しい分野であれば、単純な体系となる。

　また、概念の抽象化によって語彙の体系を考える以外にも、概念と語との対応から語彙の体系を考えることもできる。その一例が温度形容詞の組織化である（図 1.2）。

　これは、温度の高低という概念と温度形容詞《アツイ》《アタタカイ》《スズシイ》《ヌルイ》《サムイ》《ツメタイ》とを対応付けて、組織化したものである。温度が低い方では、気体の温度を表す《スズシイ》《サムイ》の系列と固体・液体の温度を表す《ヌルイ》《ツメタイ》の系列とに分かれるが、温度が高い方では、気体と固体・液体との区別はない。

　語は膨大な数があり、一見するとばらばらに存在しているように見える。し

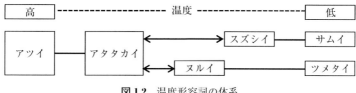

図1.2　温度形容詞の体系

かし表1.2、図1.1、1.2 に示したように組織化して示すことができる。このような組織化が可能であるのは、そもそも指示詞、温度形容詞などが明瞭な体系性を持っているからである。語彙の体系を明らかにしていこうという立場からは、このようにある範囲に限定して語彙を体系化していくことを繰り返し、それを日本語全体に広げていき、語彙の体系を明らかにすることを目指していくことが必要である。

　語彙集合論　　語彙を量的に捉えるということは、語彙を語の集合として捉えるということである。このような立場を語彙集合論と呼ぶ。

　語彙体系論では、語の有機的なつながりを明らかにしようとするが、語彙集合論では、その語彙が何語で構成されているか、語彙を構成する語を品詞で見た場合、各品詞はどのような比率になっているかといった語彙の量的な構成を明らかにしたり、語の頻度や分布などの調査を通して基本的な語彙を選定したりする。

　そのためには、語彙を構成している語を数えることになるが、その場合、語は数えられるものとして、それぞれ独立した、質的に同一のものと見なされることになる。つまり語彙体系論で考えるような語と語とのつながりというものは全て捨象されるのである。図1.1 で見たような「けもの」と「いぬ」との間の上位・下位（抽象的・具体的）という関係や、《アツイ》《アタタカイ》と《スズシイ》《ヌルイ》《サムイ》《ツメタイ》との間の対義関係、《スズシイ》《サムイ》が気体の温度を表す系列に属し、《ヌルイ》《ツメタイ》が固体・液体の温度を表す系列に属するといった関係も全て捨象され、同質なものとして1語と数えられる。したがって、語彙集合論における語彙とは、数え得る等質、独立の単位としての語の集合と定義されることになる。

　語彙集合論の立場から行われる研究が計量語彙論と呼ばれるものである。日本における計量語彙論の発展に寄与したのが、国立国語研究所の大規模語彙調査である。国立国語研究所は、1949 年 6 月発行の朝日新聞を対象とした語彙調査以来、マスメディアにおける書き言葉や話し言葉を対象とした大規模な語彙調査を合計 11 回行ってきた。

　これらの調査によって語種や品詞の比率を明らかにしたり、雑誌や新聞などにおける語の頻度分布を明らかにしたりするなど、量的な面から日本語の語彙の実態解明を進めてきた。語種比率については、それまでの調査は国語辞典の見出しを対象としたものであったが、国立国語研究所は雑誌の語彙調査によって語種比率を明らかにし、漢語や外来語が日本語の語彙の中でどのような位置を占めているかを実態に基づいて示した。この調査結果は、高く評価され、その後かなり長い期間にわたって、そのデータが参照されてきた。

　こういった国立国語研究所の語彙調査に代表される計量語彙論の延長線上にコーパスを用いた計量的研究が位置付けられることになる。国立国語研究所の語彙調査の系譜、それらとコーパス日本語学との関係などについては、山崎 (2013) に詳しい解説がある。

3.　文字・表記

日本語の文字・表記

　日本語は世界の言語の中でも特殊な言語であるといわれることがある。この考え方は、世間一般には受け入れられやすいもののようであり、このような立場で書かれた書籍なども目にすることがある。

　ここで注意したいのは、そのようなことをいうときの比較対象となっている言語である。多くの場合、英語などの欧米の言語と比較されているようであるが、それらの言語は日本語と全く構造の異なる言語であるため、それを根拠に特殊と決めつけるのは、適切なことではない。例えば、よくいわれる語順についても日本語と同じ SOV 型の言語は、英語のような SVO 型の言語よりも多い。日本語は、多くある SOV 型の言語の一つに過ぎないのである。

　しかし文字については、世界の他の言語には見られない特徴を持っていると

いうことができる。それは、平仮名、片仮名、漢字、更にはローマ字と4種類の文字種を用いるという点である。また、この語はこのように書くという正書法が確立していないため、一つの語について複数の表記があり得る。その結果、表記のゆれという現象が見られる。

　複数の文字種を用いるのであるが、無秩序に使用され、混乱しているわけではない。このことについて考えるために、まず次の問いをやってみよう。

> **問**　次の文章を文節に区切った上で、漢字を●に、平仮名を○に、片仮名を△に置き換えてみよう。文節を構成している文字の配列はどのようになっているか考えてみよう。
>
> 　日本の技術力が選手の活躍を支えたことも忘れてはならない。トヨタ自動車のスタッフらがチェアスキーの開発に携わったのは典型例だ。パラリンピックへの理解を深め、支援態勢を拡充したい。
>
> 　　　　　　　　　　　　　（読売新聞、社説、2018年3月22日）

　問いの文章には、漢字、平仮名、片仮名の3種類の文字が使われている。文節に区切った上で、各文字を問題文にあるとおり、●などに置き換えると、次のようになる。

(12)　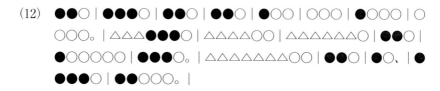

ここから分かることは、文節が●（漢字）か△（片仮名）で始まっていることと、○（平仮名）で終わっていることである。つまり文節を文字種で捉えた場合、漢字、又は片仮名で始まり、平仮名で終わるということになる。

　文節は、橋本文法において文を構成する重要な単位として位置付けられている。1語以上の自立語に0語以上の付属語が下接して構成される。したがって、

文節は自立語で始まり、付属語で終わることになる。次に自立語が出てきた場合、その直前が文節境界になる。

　文字種から見た文節の構成と語から見た文節の構成とを突き合わせると、日本語における各文字の役割が見えてくる。漢字は、自立語の表記に使われる文字である。問いの文章でいえば、「日本」「技術力」といった名詞のほか、「支（え）」「忘（れ）」「携（わっ）」といった動詞語幹の表記に使われている。

　片仮名も自立語の表記に使われている。ただし、漢字に比べて限定が加わっており、「スタッフ」「チェアスキー」「パラリンピック」という外来語に使われるのが基本的な用途である。それに加えて、「トヨタ（自動車）」のような企業名（固有名）で使われることもある。

　一方、平仮名は「（支）え」「（忘）れ」といった活用語尾、「（日本）の」「（技術力）が」のような助詞、「（携わっ）た」「（拡充し）たい」のような助動詞に使われている。「ことも」「ならない」は、平仮名のみで構成される文節であり、「こと」「なら（ない）」は平仮名表記された自立語である。また、問いの文章中には見られないが、接続詞や和語副詞は平仮名で表記される傾向にある。こういう事例を考えると、平仮名も自立語の表記に使われるということになる。しかし、「こと」は形式名詞で、実質的な意味を持っていないため、漢字表記される自立語と同列に扱うのは適切ではない。「ならない」は「忘れてはならない」という句の構成要素である。文節で区切ると、「忘れては｜ならない」となるが、「てはならない」というまとまりで禁止を表す助動詞相当の表現と見ることのできるものである。接続詞は機能的な表現であり、副詞も実質的な意味を持っているとは言い難い。このようなことを考えると、平仮名は活用語尾や付属語の表記に主として使われるほか、実質的な意味を持たない形式的、機能的な語の表記にも使われるということになろう。

　日本語は、複数の文字種を用いる言語であり、これは世界の言語の中でも日本語に特徴的なことである。また正書法もなく、表記のゆれも観察される。しかし、以上見てきたように全く無秩序に文字が使われているのではない。

　自立語のうち和語、漢語は漢字で、外来語は片仮名で表記され、付属語、活用語尾は平仮名で表記されるのである。このような文字の使い方をすることで、文節では、漢字、又は片仮名で始まり、平仮名で終わるという文字の配列が基

本となる。

　そのため、平仮名から漢字、又は片仮名に文字種が変わる箇所に文節の切れ目があることになる。日本語は、分かち書きをしない言語であるが、複数の文字種を一定のルールに基づいて使用することにより、分かち書きと同じ効果、つまり文節という意味のまとまりを捉えやすくする効果を持つことになる。

国語国字問題

　前節で見たように、現代日本語では複数の文字種を用いて語を表記している。別の言い方をすれば、漢字仮名交じり文が現代日本語の表記における標準的なスタイルとして定着しているということである。

　しかし明治時代には、近代国家建設のためには、国民に教育を広く普及させなければならないという立場から、漢字廃止や漢字節減などの国字改良論や、言文一致、標準語の確立といった国語改良論が興った。これら国語改革に関する議論を国語国字問題と呼び、特に文字のことに限定する場合、国字問題と呼ぶ。

　国は、国語改革について種々の案を示したが、それらの改革案は、反対意見も多く、実施されるには至らなかった。文字を中心とする国語改革がようやく実現したのは、終戦後のことである。以下、本節では、明治時代から終戦後の国語国字問題のうち、主として漢字に関する議論を概観する。

　国語改革のうち、漢字の問題をめぐる意見は、漢字を廃止して、表音文字のみを使用することを主張する漢字廃止論と使用する漢字の数を制限することを主張する漢字節減論との大きく二つに分けることができる。漢字廃止論の最初のものが前島密の「漢字御廃止之議」（1867）である。その内容は、以下のとおりである。

(13)　国家の大本は国民の教育にして其教育は士民を論せす国民に普からしめんには成る可く簡易なる文字文章を用ひざる可らす。其深邃高尚なる百科の学に於けるも文字を知り得て後に其事を知る如き艱渋迂遠なる教授法を取らす渾て学とは其事理を解知するに在りとせさる可らすと奉存候。果して然らは御国に於ても西洋諸国の如く音符字（仮名字）を用ひて教育を布かれ漢字は用ひられす終には日常公私の文に漢

字の用を御廃止相成候様にと奉存候。

　前島は、教育の普及には「成る可く簡易なる文字文章」の採用が必要としている。その上で、当時の教育について「文字を知り得て後に其事を知る如き艱渋迂遠なる教授法」と批判する。当時の知識層は、漢学を教養の基盤としており、西洋の学問を学ぶ際にも、漢文、漢文訓読体の文章を通して学んでいた。そのような教育について、数が多く、難解な漢字を理解してはじめて、学問の理解へと進むことのできる「艱渋迂遠なる教授法」と批判しているのである。

　この問題を解消し、教育を広く普及させるため、我が国においても西洋諸国と同様に「音符字（仮名字）」を採用し、最終的に漢字を廃止することを主張している。前島の漢字廃止論は、仮名文字専用論として位置付けられる。

　一方、同じ漢字廃止論であっても、仮名文字ではなく、ローマ字を採用すべきという意見（ローマ字専用論）も見られる。その早いものとして南部義籌「修国語論」（1869）、「文字ヲ改換スル議」（1873）が挙げられる。(14) は「文字ヲ改換スル議」からの引用である。

(14)　然リ而シテ現今吾国ノ人情ヲ察スルニ概西洋ノ文明ニ心酔シ彼ノ景況ヲ欽慕シ諸事西洋ニ似タルヲ以之ヲ文明トナシ苟其似タル者アラバ争テ之ヲ見ント欲ス　即此人情ニ応ジ至便ノ洋字ヲ以至不便ノ漢字ニ換ヘ吾国固有ノ言辞ヲ修メ学ヒ易キノ学ヲ起サハ人ノ之ニ従フコト猶水ノ下ニ就クカ如クナラン　実ニ好機会ト云フベシ

「西洋ノ文明ニ心酔」する当時の社会状況を踏まえて、「漢字」を「至不便」とする一方、ローマ字（洋字）を「至便」とし、漢字に代えてローマ字を使用することを主張している。また、「学ヒ易キノ学ヲ起サハ」とあるように、前島と同様、漢字廃止、ローマ字化を主張する目的は、教育の普及である。

　漢字廃止ではなく、使用する漢字の数を減らそうとする意見も出されている。福沢諭吉は著書『文字之教』（1873）の端書で、次のように難解な漢字の使用を制限することを主張している。

(15)　日本ニ仮名ノ文字アリナガラ漢字ヲ交ヘ用ルハ甚ダ不都合ナレドモ（中略）漢字ヲ全ク廃スルノ説ハ願フ可クシテ俄ニ行ハレ難キコトナ

リ。此説ヲ行ハントスルニハ時節ヲ待ツヨリ外ニ手段ナカルベシ。
（中略）今ヨリ次第ニ漢字ヲ廃スルノ用意専一ナル可シ。其用意トハ文
章ヲ書クニムツカシキ漢字ヲバ成ル丈ケ用ヒザルヤウ心掛ル事ナリ。
ムツカシキ字ヲサヘ用ヒザレバ漢字ノ数ハ二千カ三千ニテ沢山ナルベ
シ

直ちに漢字を廃止することはできないが、その準備として漢字を制限しようと
いうものである。

　以上のほかにも国字をめぐる様々な意見が出され、国としても漢字制限を模
索していくことになる。その最初の案が、1922 年 11 月に臨時国語調査会総会
で可決され、1923 年 5 月に官報で告示された「常用漢字表」である。この表は、
国民教育、国民生活における漢字の負担軽減を目的としたもので、1,962 字を掲
げる。

　新聞各社は、政府が決定した漢字制限案である「常用漢字表」を支持するこ
とを宣言し、同年 9 月 1 日から「常用漢字表」に基づく紙面整理を実行すると
した。この支持の背景には、活版印刷が使われていた当時、漢字制限によって
新聞制作の効率化を図ろうとするねらいがあった。しかし 9 月 1 日に発生した
関東大震災によって紙面整理の実施は見送りとなり、その後も実施されないま
まとなった。

　国は、引き続き漢字制限について検討を続け、1942 年 6 月に国語審議会が
「標準漢字表」を答申した。この表は、官庁、一般社会で使う漢字の標準を示す
ことを目的としたもので、2,528 字を掲げている。またこの表の特徴は、2,528
字の漢字を国民の日常生活に関係が深く、一般に使用の程度が高い常用漢字
（1,134 字）と、国民の日常生活に関係が薄く、一般に使用の程度も低い準常用
漢字（1,320 字）、常用漢字・準常用漢字に含まれない皇室典範、帝国憲法、歴
代天皇の追号、詔勅などの漢字である特別漢字（74 字）に分類している点であ
る。

　この「標準漢字表」に対しては、文字文化の伝統を重視する立場から反対意
見が多く出され、文部省は答申された「標準漢字表」を修正するなどの対応を
行ったが、戦争の混乱の中、最終的に実施されることはなかった。

　以上のように戦前には、漢字制限を目的とした二つの漢字表が作られたが、いずれも実施には至らず、国語改革は頓挫した。しかし太平洋戦争終結後に、国語改革は急激に進むことになる。

　終戦から 3 か月後、「読売報知」（1945 年 11 月 12 日）に「漢字を廃止せよ」と題した、次のような社説が掲載された。

(16)　民主主義の運営を期するには一定の知能の發達を必要とする。その運営をさらに圓滑化するためには一層大きく知識と知能とを高めねばならぬ。文明社會において知識と知能とを高める最も廣汎かつ基礎的な直接手段は言葉と文字である。階級的な敬語その他の封建的傳習の色濃い日本の國語が大いに民主化されねばならぬのはいふまでもない。しかし、日本にあつては言葉記載の手段たる文字改革の必要は特に大きく、政治的な意味さへある。現在日本の常用文字たる漢字がいかにわが國民の知能發達を阻害してゐるかには無數の例證がある。特に日本の軍國主義と反動主義とはこの知能阻害作用を巧利用した。八紘一宇などといふわけの解らぬ文字と言葉で日本人の批判能力は完全に封殺されてしまつた。

　戦争に突き進んだことへの反省に立ち、民主主義社会を建設するには国語改革、特に文字改革が必要という主張である。またここでいう文字改革とは、社説の標題である「漢字廃止」である。

　民主主義社会を成り立たせるためには、国民の間で情報が共有されることが不可欠である。そうでなければ、国民は政策などについて正しく判断したり、批判したりすることができない。社説では、「現在日本の常用文字たる漢字がいかにわが國民の知能發達を阻害してゐるかには無數の例證がある」と述べ、漢字が民主主義に必要不可欠な情報共有を妨げているとし、漢字の廃止を訴えている。

　この社説が掲載されたのと同じ頃、戦後最初の国語審議会（11 月 27 日）が開催された。議題は「標準漢字表の再検討の件」とされている。「標準漢字表」の再検討という形で、新たな漢字表に関する検討が開始されたのである。国語審議会では、短期間に集中的に審議を行い、およそ 1 年後の 1946 年 11 月 5 日

に「当用漢字表」を国語審議会で可決し、同16日に内閣告示、同訓令により実施した。明治時代以来の懸案であった漢字制限がようやく実現したのである。

　「当用漢字表」は、その前書きに「法令・公用文書・新聞・雑誌および一般社会で、使用する漢字の範囲を示したもの」とあるとおり、明確に漢字制限を目指した漢字表で、1,850字を掲げる。「当用漢字表」は、使用する漢字の字種のみを示した表であり、字体と音訓については調査中としている。その後、1948年に「当用漢字音訓表」が、1949年に「当用漢字字体表」が内閣告示、同訓令により実施され、「当用漢字表」による漢字制限の体制が整った。

　終戦後4年という短い間に、漢字表の成案を得て、実施したことについては、今でも拙速な議論であったのではないかという批判がある。しかし戦後最初の国語審議会で「標準漢字表」の再検討が議題となったことからも分かるように、戦後の国語改革の議論は、戦前のそれを引き継いだものなのである。戦前の「常用漢字表」「標準漢字表」という漢字制限の試行錯誤、模索は、戦後に行われた一連の国語改革のための蓄積となっていたのである。戦後の国語改革は、戦後の混乱の中、突如始まったものではなく、戦前からの議論の流れの中にあるということを理解しておく必要がある。

　「当用漢字表」が制定されたこの時期には、「現代かなづかい」（1946）、「送りがなのつけ方」（1959）が制定され、「当用漢字表」と合わせて表記の平易化が進められた。この昭和20年代、30年代は「戦後の国語改革期」と呼ばれる。

　一方、漢字制限、歴史的仮名遣いから表音式仮名遣い（現代かなづかい）への改定は日本の文字文化の伝統を破壊するものだとする批判も早くから出されていた。この伝統重視の意見が強くなり、看過できないようになると、国も戦後の国語改革を修正せざるを得なくなった。その結果、1966年から国語改革の見直しに着手することになる。これ以降、「外来語の表記」が実施される1992年までの時期は、「国語施策の見直し期」と呼ばれる。

　この時期に「当用漢字表」についても見直しが行われ、1986年に新たに「常用漢字表」が内閣告示、同訓令により実施された。「常用漢字表」には1,945字が掲げられている。「常用漢字表」の性格を見るために、その前書きを引用する。

(17) 1.　この表は、法令、公用文書、新聞、雑誌、放送など、一般の社会生
　　　　　活において、現代の国語を書き表す場合の漢字使用の目安を示すも
　　　　　のである。

　　 2.　この表は、科学、技術、芸術その他の各種専門分野や個々人の表記
　　　　　にまで及ぼそうとするものではない。

　　 3.　この表は、固有名詞を対象とするものではない。

　　 4.　この表は、過去の著作や文書における漢字使用を否定するものでは
　　　　　ない。

　　 5.　この表の運用に当たっては、個々の事情に応じて適切な考慮を加え
　　　　　る余地のあるものである。

　ここで特に注意したいのは、1 である。漢字制限を目指した「当用漢字表」
とは異なり、「漢字使用の目安」という緩やかな性格の基準となっている。ま
た、2 と 3 とでは常用漢字表に適用を除外する分野のあることが明確に述べら
れている。

　「当用漢字表」については、その制限的な性格によって、交ぜ書きや仮名書き
が増加し、読みにくい文章を生み出すことにもつながったという批判がなされ
た。また日本の文字文化の伝統を破壊する政策であるという強い批判にもさら
された。この反省に立ち、国が定めた漢字表は、制限的な性格の基準から緩や
かな目安へと性格を方向修正することになったのである。

　「常用漢字表」実施後、情報機器の普及が急速に進み、漢字の多用化という現
象が生じた。情報機器の普及という書記環境の変化は、「常用漢字表」制定時に
想定できなかったことであり、そのため 1990 年代後半から 2000 年代にかけて
「常用漢字表」と漢字使用の実態とのずれが指摘されるようになった。

　これを受けて、2010 年 6 月 7 日には、「常用漢字表」から 5 字を削除し、同
表に 196 字を追加した「改定常用漢字表」が文化審議会から答申された。その
後、同年 11 月 30 日に内閣告示、同訓令により新しい「常用漢字表」が実施さ
れた。

　ところで、「常用漢字表」のほか、国語施策の見直し期に出された「送り仮名
の付け方」(1973)、「現代仮名遣い」(1986)、「外来語の表記」(1991) は、いず

れも現代の国語を書き表すための表記の「よりどころ」として示されたものである。これらの表記の基準も常用漢字表と同様、制限的、強制的なものではなく緩やかな性格の基準となっている。

　国の定めた表記の基準は、以上のように緩やかな性格であり、そのため日本語には正書法がないといわれ、また実際に表記のゆれという現象も見られる。しかし全く無秩序な状態にあるわけではない。常用漢字表は、小学校・中学校・高等学校における漢字の学習範囲となっている。同様に、「送り仮名の付け方」「現代仮名遣い」「外来語の表記」に基づいて学校における文字に関する教育が行われているのである。また、法令、公用文書は国の表記の基準を遵守している。さらに報道機関、特に新聞は、国の表記の基準をかなり忠実に守っている。このように日本語における文字使用の基盤には、国の定めた表記の基準が存在しており、そのことを抜きに、文字使用を考えることはできないのである。

参　考　文　献

国立国語研究所（1987）『国立国語研究所報告 89　雑誌用語の変遷』、秀英出版

前田富祺（1985）『国語語彙史研究』、明治書院

宮島達夫（1994）『語彙論研究』、むぎ書房

山崎誠（2013）「第 6 章　語彙調査の系譜とコーパス」、前川喜久雄（監修・編）『講座日本語コーパス 1　コーパス入門』、朝倉書店、134-158

第2章
語彙の量的構造

冨士池優美

導入 「大きい木と大きな木との文法的な違いを説明してみる」という文は幾つの語から成るだろうか。語に区切って、数えてみよう。

上の文を語に区切ると、次のようになる。

(1) 大きい｜木｜と｜大きな｜木｜と｜の｜文法的な｜違い｜を｜説明し｜て｜みる｜

区切られた語の数を数えると、この文が13語から成っていることが分かる。

しかし、(1)の文をよく見てみると、「木」と「と」とが2回ずつ使われている。先の13語というのは、2回使われている「木」「と」をそれぞれ使われた回数分、つまり2と数えた場合の数である。一方、重複して用いられた語がある場合、2回目以降を数えない数え方も考えられる。そのようにして数えると、(1)の文は、「大きい」「木」「と」「大きな」「の」「文法的な」「違い」「を」「説明し」「て」「みる」の11語で構成されているということになる。これは、そのテキストに使われている語の種類を数えていることになる。

このように、テキストに用いられている語を数えるといっても、重複して用いられた語をどのように扱うかによって二通りの数え方がある。あるテキストの中に語が幾つ用いられているか、重複するものも全て一つずつ数えた総数のことを延べ語数という。これに対して、あるテキストの中で、同一の語が何度用いられていても、これを1語として扱い、そのテキスト全体で異なる語が幾つ、つまり何種類用いられているかを数えた数のことを異なり語数という。

　したがって (1) の文は、異なり語数で数えると 11 語から、延べ語数で数えると 13 語から成る。

例 題 1　**次の3種類のテキストの延べ語数と異なり語数（それぞれ句読点、かぎ括弧は除く）を求めてみよう。**

テキスト1　谷川俊太郎「くり返す」（詩）
　くり返すことができる
　あやまちをくり返すことができる
　くり返すことができる
　後悔をくり返すことができる
　だがくり返すことはできない
　人の命をくり返すことはできない
　けれどくり返さなければならない
　人の命は大事だとくり返さねばならない
　命はくり返せないとくり返さねばならない
　私たちはくり返すことができる
　他人の死なら
　私たちはくり返すことはできない
　自分の死を

テキスト2　手塚治虫の言葉の引用（『高校美術3』、日本文教出版、2006）
　「生命の尊厳が僕の信念です。ですから僕の作品の中にはこのテーマが繰り返し出てきます」。「アトムだってよく読んで下されば、ロボット技術を初めとする科学技術がいかに人間性をマイナスに導くか、いかに暴走する技術が社会に矛盾をひきおこすかがテーマになっていることがわかっていただけると思います」。

テキスト3　ノルベルト・エリアス（著）、羽田洋（訳）『文明化の過程』（法政大学出版局、2004）（研究書・翻訳）

そしてわれわれは過去を振り返って、ここに新しい機能が生まれつつあることを知っている。しかしこの新しい機能は極めて徐々に、小刻みに、しかも他の機能の代表者と絶えず摩擦を繰り返しながら、確立された機構に成長していくのである。王も初めは、有能な者も無能な者もいる多くの戦士のなかの傑出した一人の戦士なのである。

■ データ作成の手順

Web 上で公開されている形態素解析支援アプリケーション「Web 茶まめ」を使って 3 種類のテキストを形態素解析する。

① 「Web 茶まめ」の画面の「解析対象」に、テキスト 1 を入力する。辞書選択は「現代語」を選択、出力形式は「Excel 形式でダウンロード」とする。
② 解析結果の Excel ファイルを開き、ピボットテーブルを作成する。
③ ピボットテーブルを用いて、語彙表を作成する [web] 。以上の作業をテキスト 2、3 に対しても行う。

■ 考　察

例題 1 で作成したテキスト 1 のピボットテーブルは、表 2.1 のとおりである。
この表は、テキスト 1 に用いられた、句読点を除く全ての語とその語がテキストに用いられた回数とを併せて示し、テキストに用いられた回数の多い順に配列したものである。このような表を語彙表と呼ぶ。
延べ語数は、表 2.1 の「データの個数」の総計から求められる。延べ語数は 88 である。異なり語数は、表 2.1 に語が何種類あるかを数えることで求められる。異なり語数は 25 である。同様にしてテキスト 2、3 についても語彙表を作成し、それぞれの異なり語数と延べ語数とを求めると、表 2.2 のような結果が得られる。
テキスト 1 は、延べ語数が 88 で最も多いのに対して、異なり語数が 25 で最も少ない。テキスト 1 は、タイトルにもなっている「繰り返す」という動詞が、まさに繰り返し用いられている。「繰り返す」以外にも名詞「事」、動詞「出来る」、助動詞「ない」が繰り返し用いられている。計量的な面から見た場合、テ

表 2.1　テキスト 1 の語彙表

品詞	(すべて) ▾		
行ラベル ▾	語彙素	大分類	データの個数 / 書字形（＝表層形）
⊟クリカエス	⊟繰り返す	動詞	12
⊟デキル	⊟出来る	動詞	8
⊟ナイ	⊟ない	助動詞	8
⊟コト	⊟事	名詞	8
⊟ハ	⊟は	助詞	7
⊟ガ	⊟が	助詞	6
⊟ノ	⊟の	助詞	4
⊟ヲ	⊟を	助詞	4
⊟ナル	⊟成る	動詞	3
⊟バ	⊟ば	助詞	3
⊟イノチ	⊟命	名詞	3
⊟ダ	⊟だ	助動詞	3
⊟ズ	⊟ず	助動詞	2
⊟ワタクシ	⊟私-代名詞	代名詞	2
⊟ヒト	⊟人	名詞	2
⊟タチ	⊟達	接尾辞	2
⊟ト	⊟と	助詞	2
⊟シ	⊟死	名詞	2
⊟コウカイ	⊟後悔	名詞	1
⊟アヤマチ	⊟過ち	名詞	1
⊟タニン	⊟他人	名詞	1
⊟ケレド	⊟けれど	接続詞	1
⊟ジブン	⊟自分	名詞	1
⊟セル	⊟せる	助動詞	1
⊟ダイジ	⊟大事	形状詞	1
総計			88

表 2.2　テキスト 1〜3 の異なり語数・延べ語数

	異なり語数	延べ語数
テキスト 1	25	88
テキスト 2	49	75
テキスト 3	54	86

キスト 1 のような少数の語を繰り返し用いる傾向にある、異なり語数の少ない
テキストは、語彙の多様性に欠けるということができる。

　異なり語数は、話題や表現の多様性を捉えるために用いられる。一方、延べ
語数は、そのテキストがどの程度の長さなのかを捉えるときなどに用いられる。

解　説

1．語の認定　第1章で述べたとおり、語彙は質的に捉えられる性格と、量的に捉えられる性格とを持っている。あるテキストが何語で構成されているか、どのような語で構成されているか、またテキストを構成する語はそれぞれ何回用いられているか、品詞・語種の構成比率はどのようになっているかといった、そのテキストの語彙の量的構造を把握するため、これまでに種々の語彙調査が行われてきた。また大規模コーパスが構築・公開されて以降、コーパスの分析を通して量的構造を明らかにしようという研究が行われている。

　語彙の量的構造を把握するに当たっては、数える単位となる語をどのように定めるのか、どのような数え方で数えるかといったことが重要になってくる。本節では、まず語をどのように定めるかについて取り上げる。

　例題1では、「Web茶まめ」を使って、3種類のテキストを語に区切った。「Web茶まめ」の語の区切り方に違和感を持たなかっただろうか。

　例えば、テキスト2では、複合語「ロボット技術」「科学技術」が「ロボット｜技術」「科学｜技術」のように、それぞれ2語に分割されているし、同様に「人間性」も「人間｜性」の2語に分割されている。テキスト3では、漢語サ変動詞「確立する」「傑出する」が「確立｜する」「傑出｜する」のように語幹と活用語尾との二つに分割されている。いわゆる形容動詞「有能だ」「無能だ」も、やはり「有能｜だ」「無能｜だ」のように語幹と活用語尾とに分割されている。つまり「Web茶まめ」では形容動詞を認めない立場を取っているのである。

　機能的な表現に目を向けてみると、テキスト1の接続詞「だが」とテキスト2の接続詞「ですから」は、それぞれ「だ（助動詞）｜が（助詞）」「です（助動詞）｜から（助詞）」と助動詞と助詞とに分割されている。現代語の文法研究や日本語教育などで取り上げられることの多い複合辞（助詞相当句、助動詞相当句）もテキスト1〜3に用いられている。例えば、「ことが（は）できる」（可能）、「なけれ（ね）ばならない」（義務）、「ている」（存続）、「ていただける」（受益）、「のである」（断定）といったものが挙げられる。これらも一まとめにはされず、構成要素に分割されていることが分かる。

　このように「Web茶まめ」は複合語、派生語、複合辞をその構成要素に分割する傾向のあることが分かる。また、形容動詞の扱いは、学校文法と大きく異

なっている。

　ここで重要なことは、複合語、派生語、複合辞、形容動詞を 1 語として扱う
立場と、「Web 茶まめ」のように複合語、派生語、複合辞を構成要素に分割し
たり、形容動詞を認めず、分割したりする立場のいずれも言語学的な観点から
は誤りではないということである。何を 1 語とするかについて、唯一絶対の正
解はないと考える方が適切である。

　しかし、あるテキストを語に区切って語彙表を作成し、高頻度語を把握する
など、語彙を計量的な観点から把握するためには、何を 1 語とするかについて
ルールをしっかりと定めることが必要である。「ロボット技術」をある箇所では
1 語としたのに、別の箇所では 2 語としたり、「ロボット技術」を 1 語とするの
に、「科学技術」を「科学｜技術」の 2 語に分割したりしては、正確に語彙の量
的構造を把握することはできない。同じ語が出てきたら同じように区切るのは
もちろん、類似の構造を持つ語が出てきた場合も不整合のないよう、同じよう
に区切らなければならないのである。

　国立国語研究所が行ってきた語彙調査では、その調査目的によって、何を 1
語とするかに関する基準を定め、その基準に基づいてテキストを語に区切り、
語数や品詞などの構成比率を明らかにしてきた。語彙調査では、調査目的に応
じた一定の基準で区切られた語のことを調査単位、言語単位と呼んでいる。

　BCCWJ でも語彙調査にならって言語単位の設計を行っている。BCCWJ を日
本語研究に利用するに当たって、どのような利用があるかを考え、その利用目
的に応じた言語単位を設計している。具体的には、用例検索と BCCWJ に収録
した多様なレジスターの言語的特徴の解明という二つの利用目的を考え、それ
ぞれの目的にふさわしい 2 種類の言語単位を採用している。その言語単位は、
以下の 2 種類である。

(2)　短単位：用例検索での利用を目的とした言語単位
　　　長単位：各レジスターの言語的特徴の解明を目的とした言語単位

この 2 種類の言語単位でテキストを区切った例を表 2.3 に掲げる。

　各単位の特徴を簡単にいえば、短単位は複合語、派生語、複合辞を構成要素
に分割する言語単位であり、長単位は複合語、派生語、複合辞を 1 語として扱

表 2.3　長単位と短単位による解析の例

長単位	短単位	長単位	短単位	長単位	短単位
アトム	アトム	いかに	いかに	ひきおこす	ひきおこす
だ	だ	人間性	人間	か	か
って	って		性	が	が
よく	よく	を	を	テーマ	テーマ
読ん	読ん	マイナス	マイナス	に	に
で下され	で	に	に	なっ	なっ
	下され	導く	導く	ている	て
ば	ば	か	か		いる
、	、	、	、	こと	こと
ロボット技術	ロボット	いかに	いかに	が	が
	技術	暴走する	暴走	わかっ	わかっ
を	を		する	ていただける	て
初め	初め	技術	技術		いただける
と	と	が	が	と	と
する	する	社会	社会	思い	思い
科学技術	科学	に	に	ます	ます
	技術	矛盾	矛盾	。	。
が	が	を	を		

う言語単位ということになる。**例題 1** で用いた「Web 茶まめ」は BCCWJ の短単位でテキストを分割している。

　短単位のようにテキストを短い言語単位で区切っていくと、その区切られた言語単位は、基本的な語となる。これに対して、長単位のように複合語、派生語などを 1 語とするような長い言語単位で区切っていくと、その区切られた言語単位は、レジスターに特徴的な語となる傾向がある。

　このことについて、テキスト 2 に用いられている「科学技術」を例に見ていく。「科学技術」は、短単位では「科学｜技術」と 2 語に分割されるが、長単位では 1 語となる。BCCWJ における、短単位「科学」と長単位「科学技術」とのレジスター別の出現状況を見ると、表 2.4、2.5 のとおりである。表 2.4、2.5 の調整頻度とは、100 万語当たりの頻度を指す。

表 2.4　「科学」のレジスター分布

レジスター	粗頻度	調整頻度
出版・雑誌	273	61
出版・書籍	3,372	118
出版・新聞	227	166
図書館・書籍	3,080	101
特定目的・ブログ	369	36
特定目的・ベストセラー	267	71
特定目的・韻文	8	36
特定目的・教科書	150	162
特定目的・広報誌	346	92
特定目的・国会会議録	569	112
特定目的・知恵袋	246	24
特定目的・白書	2,960	606
特定目的・法律	211	196

表 2.5　「科学技術」のレジスター分布

レジスター	粗頻度	調整頻度
出版・雑誌	5	1
出版・書籍	201	7
出版・新聞	7	5
図書館・書籍	117	4
特定目的・ブログ	7	1
特定目的・ベストセラー	12	3
特定目的・教科書	23	25
特定目的・広報誌	7	2
特定目的・国会会議録	103	20
特定目的・知恵袋	9	1
特定目的・白書	480	98
特定目的・法律	21	19

　調整頻度によって「科学」「科学技術」のレジスター分布を見ていく。まず、「科学」のレジスターの分布を見ると、特定目的・白書が 606 で最も多い。これに次ぐのが、特定目的・法律で、以下、出版・新聞、特定目的・教科書、出版・書籍、特定目的・国会会議録、図書館・書籍の順となっている。また、特定目的・法律から図書館・書籍の六つのレジスターが調整頻度 100 以上である。この分布を見ると、特定目的・白書、同・法律、同・教科書といった公的なテキスト・談話での使用が多いが、そこに極端に偏るというよりは、比較的広く分布しているということができる。

　次に、長単位の「科学技術」のレジスターの分布を見ると、「科学」と同様に特定目的・白書での調整頻度が 98 と、最も高い。なお粗頻度で見ると、「科学技術」の BCCWJ 全体における頻度 992 のおよそ半数（48.4％）を特定目的・白書が占めている。このことからも、このレジスターに特に偏って分布しているといえる。特定目的・白書に次ぐのが、同・教科書で、以下、同・国会会議録、同・法律となっている。「科学」は、出版・新聞、同・書籍、図書館・書籍の調整頻度も高いが、「科学技術」では調整頻度は一桁となっている。このことから、「科学技術」は公的なテキスト・談話に偏って分布しているということができる。

　以上のように、短単位と長単位とは異なったレジスターの分布を示している。

一般に、長い言語単位の方が特定のレジスターに偏って現れやすく、レジスターの言語的特徴の把握に適しているといえる。

　また、短単位と長単位とを併用することで、特定目的・国会会議録で用いられた「科学」569 例のうち 18.1％（103 例）が「科学技術」の構成要素になっていること、同様に公的なテキストと位置付けられる特定目的・白書、同・教科書、同・法律でも 1 割以上が「科学技術」の構成要素になっていることが分かる。一方、他のレジスターではいずれもその割合（％）は一桁台である。これらのことから、特定目的・白書をはじめとする公的なテキスト・談話で「科学」が高頻度で用いられている要因の一つとして、これらのレジスターにおいて「科学技術」が多用されていることが挙げられる。長短 2 種類の言語単位を採用することで、より詳細に語の使用実態を把握することが可能になるのである。

　2.　語彙の計量　　あるテキストを「Web 茶まめ」などの形態素解析アプリケーションで解析することで、そのテキストにどのような語が何回用いられているかを確認することができる。その結果は、先に挙げた表 2.1 のような形で示される。

　表 2.1 を基に順位等の情報を加えたのが表 2.6 である。表 2.6 の度数とは、それぞれの語がテキストの中で使われた回数のことである。使用度数と呼んだり、使用頻度、あるいは単に頻度と呼んだりすることもある。順位は、度数の大小によって付けたもので、度数順位、又は頻度順位とも呼ぶ。

　使用率は、テキストに使われている任意の語が延べ語数に対して占める割合のことである。次の式で求められる。

（3）　使用率＝度数÷延べ語数×100

　表 2.6 には度数、使用率のほかに累積度数、累積使用率という情報がある。累積度数とは、度数最上位の「繰り返す」から度数を順に加えていったものである。これは、度数最上位から任意の順位までの語がテキストで使われた回数である。度数順位最下位の「大事」の行に示される累積度数は延べ語数 88 と一致する。累積使用率は、累積度数が延べ語数に占める割合のことで、以下の式で求められる。

表 2.6 「くり返す」の語彙表

順　位	語彙素読み	語彙素	度　数	使用率	累積度数	累積使用率
1	クリカエス	繰り返す	12	13.6%	12	13.6%
2	デキル	出来る	8	9.1%	20	22.7%
2	ナイ	ない	8	9.1%	28	31.8%
2	コト	事	8	9.1%	36	40.9%
5	ハ	は	7	8.0%	43	48.9%
6	ガ	が	6	6.8%	49	55.7%
7	ノ	の	4	4.5%	53	60.2%
7	ヲ	を	4	4.5%	57	64.8%
9	ナル	成る	3	3.4%	60	68.2%
9	バ	ば	3	3.4%	63	71.6%
9	イノチ	命	3	3.4%	66	75.0%
9	ダ	だ	3	3.4%	69	78.4%
13	ズ	ず	2	2.3%	71	80.7%
13	ワタクシ	私-代名詞	2	2.3%	73	83.0%
13	ヒト	人	2	2.3%	75	85.2%
13	タチ	達	2	2.3%	77	87.5%
13	ト	と	2	2.3%	79	89.8%
13	シ	死	2	2.3%	81	92.0%
19	コウカイ	後悔	1	1.1%	82	93.2%
19	アヤマチ	過ち	1	1.1%	83	94.3%
19	タニン	他人	1	1.1%	84	95.5%
19	ケレド	けれど	1	1.1%	85	96.6%
19	ジブン	自分	1	1.1%	86	97.7%
19	セル	せる	1	1.1%	87	98.9%
19	ダイジ	大事	1	1.1%	88	100.0%

（4）　累積使用率＝累積度数÷延べ語数×100

　表 2.6 を見ると度数順位同率第 2 位の「事」までの累積使用率は、40.9% である。これは、第 1 位の「繰り返す」から同率第 2 位の「事」までの 4 語がテキスト 1 で使われた回数 36 が延べ語数の 40.9% を占めるということを示している。つまり、「繰り返す」「出来る」「ない」「事」の 4 語が、テキスト全体（延べ語数）の約 4 割をカバーしているということである。このことから、累積使用率のことをカバー率と呼ぶこともある。

　表 2.6 の累積使用率をグラフにすると図 2.1 のようになる。図 2.1 は、横軸に順位を、縦軸に累積使用率を取ったものである。これを見ると、はじめに急上

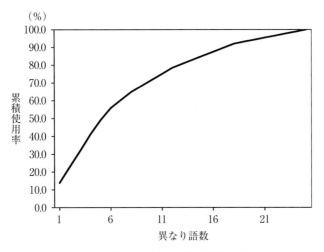

図 2.1　「くり返す」の累積使用率分布

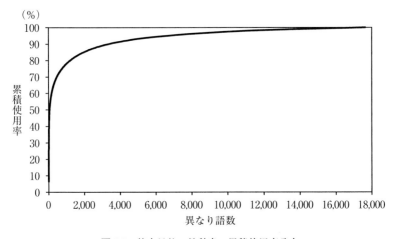

図 2.2　特定目的・教科書の累積使用率分布

昇を示し、その後なだらかに上昇を続けるグラフとなっている。

　累積使用率のグラフの特徴を、もっと大きな規模のテキストで確認したい。図 2.2 は BCCWJ のうち、特定目的・教科書を対象として累積使用率をプロットしたものである。延べ語数約 92 万語のデータであるため、図 2.1 に見られた、

はじめに急上昇を示すという特徴がより顕著に現れている。

先にも述べたように、累積使用率は度数最上位から任意の順位までの見出し語の度数の合計がテキスト全体の延べ語数に占める割合を見る指標である。特定目的・教科書の見出し語約 18,000 語を使用率の大きいものから順に並べると、上位 500 語で延べ語数の約 70%、上位 1,200 語で 80% 以上、3,400 語で 90% 以上が占められる。

特定目的・教科書の上位 500 語は、異なり語数の約 3% に過ぎない。この少数の語が延べ語数の 7 割をカバーしているのである。一方、異なり語数のうち残りの 97% の語がカバーするのは、約 3 割である。累積使用率のグラフは、繰り返し用いられる少数の見出し語が、延べ語数の中で極めて大きな割合を占めるということを示しているのである。

これらの特徴は、ある程度の規模のテキストであれば、教科書などのジャンルを問わずに見ることができるものである。また、資料規模が大きくなればなるほど、この特徴が顕著に現れる。このように、使用頻度と延べ語数は対数的分布を示すという特徴を持つのである。

使用頻度ごとの異なり語数の分布を見てみよう。既に見たように、テキストにおいては、繰り返し用いられる語は少数で、多くの語は 1 回か 2 回というように、あまり用いられない。図 2.3 は、BCCWJ の度数と異なり語数との関係を

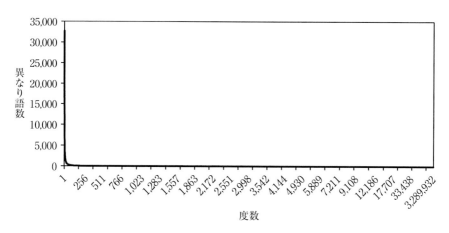

図 2.3 度数と異なり語数との関係

示したものである。横軸が度数、縦軸がその度数を持つ語の異なり語数である。

　BCCWJ は約 1 億語から成るコーパスであるが、度数 1 の語が 32,694 語を、使用頻度 2 の語が 18,296 語を占める。このように、使用頻度と異なり語数は L字型分布を示すという特徴を持つ。語彙は膨大な低頻度語と少数の高頻度語によって構成されているのである。

例題 2　3 種類のテキストについて、自立語の品詞構成比率を、延べ語数を用いて比較しよう。

■ データ作成の手順

① 　**例題 1** で作成した語彙表のデータから自立語のみを抽出する。短単位の品詞大分類で自立語に当たるのは、名詞、動詞、形容詞、形状詞（学校文法でいう「形容動詞」語幹）、副詞、連体詞、接続詞、感動詞である。つまり、付属語や接辞、句読点、かぎ括弧など（助詞、助動詞、接頭辞、接尾辞、補助記号）は集計対象から除外する必要がある。

② 　3 種類のテキストの品詞大分類別用例数の表を表 2.7 のように一つにまとめる。

③ 　②で作成した表を基に、表 2.8、2.9 のようなピボットテーブルを作成する。資料ごとに品詞別の用例数を示すようにする。この際、品詞の順を、分かりやすいように並べ替えておくとよい。

④ 　資料ごとの品詞構成比率を示す表にする。比率は％で表す。

⑤ 　④で作成した表の内容を可視化するために、グラフを作成する。

■ 考　察

　3 種類のテキストについて、自立語の品詞構成比率（延べ語数）を求めた結果を表 2.10、図 2.4 に示した。

　3 種類のテキストの自立語の品詞構成比率（延べ語数）を比較すると、テキスト 1 は名詞率が低く、動詞率が高いことが分かる。これは、テキスト 1 の主題が「くり返す」、つまり動詞であり、この語が何度も繰り返し用いられている

表 2.7 品詞大分類別用例数

資 料	品 詞	用例数
テキスト 1	名詞	19
テキスト 1	代名詞	2
テキスト 1	動詞	23
テキスト 1	形状詞	1
テキスト 1	接続詞	1
テキスト 2	名詞	21
テキスト 2	代名詞	2
テキスト 2	動詞	13
テキスト 2	副詞	4
テキスト 2	連体詞	1
テキスト 3	名詞	25
テキスト 3	連体詞	2
テキスト 3	動詞	13
テキスト 3	形容詞	2
テキスト 3	副詞	2
テキスト 3	連体詞	1
テキスト 3	接続詞	3

表 2.8 ピボットテーブルで作成した品詞大分類別用例数の表

合計 / 用例数	列ラベル								
行ラベル	名詞	代名詞	動詞	形容詞	形状詞	副詞	連体詞	接続詞	総計
テキスト1	19	2	23		1			1	46
テキスト2	21	2	13			4	1		41
テキスト3	25		13	2		2	3	3	48
総計	65	4	49	2	1	6	4	4	135

表 2.9 各テキストの品詞構成比率

合計 / 用例数	列ラベル								
行ラベル	名詞	代名詞	動詞	形容詞	形状詞	副詞	連体詞	接続詞	総計
テキスト1	41.3%	4.3%	50.0%	0.0%	2.2%	0.0%	0.0%	2.2%	100.0%
テキスト2	51.2%	4.9%	31.7%	0.0%	0.0%	9.8%	2.4%	0.0%	100.0%
テキスト3	52.1%	0.0%	27.1%	4.2%	0.0%	4.2%	6.3%	6.3%	100.0%
総計	48.1%	3.0%	36.3%	1.5%	0.7%	4.4%	3.0%	3.0%	100.0%

表 **2.10**　自立語の品詞構成比率（延べ語数）

	名　詞	代名詞	動　詞	形容詞	形状詞	副　詞	連体詞	接続詞
テキスト 1	41.3%	4.3%	50.0%	0.0%	2.2%	0.0%	0.0%	2.2%
テキスト 2	51.2%	4.9%	31.7%	0.0%	0.0%	9.8%	2.4%	0.0%
テキスト 3	52.1%	0.0%	27.1%	4.2%	0.0%	4.2%	6.3%	6.3%

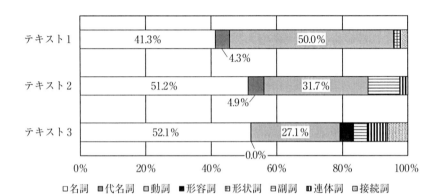

図 **2.4**　自立語の品詞構成比率（延べ語数）

ことによる。これに対して、話し言葉を書き起こしたテキスト 2 と研究書の翻訳であるテキスト 3 とは、名詞率はほぼ同じであり、動詞率も近い。つまり、この二つのテキストは類似した文章だといえるだろう。その中で、テキスト 2 では副詞がやや多く用いられているのに対して、テキスト 3 では接続詞が用いられている。テキスト 2 にある「繰り返し」は「繰り返し出てきます」の形で用いられている。これは動詞ではなく、動詞「出てくる」にかかる副詞である。テキスト 3 では、この短い範囲の中に「そして」「しかし」「しかも」といった接続詞が用いられており、論理的に書かれていることが分かる。これは、研究書の翻訳であるテキスト 3 の資料としての特徴といえるだろう。

▌解　説

1. 延べ語数を用いた自立語の品詞構成比率　　延べ語数を用いた自立語の品詞構成比率は文体を示す指標として用いられる。

　樺島（1954）は、現代文における自立語の品詞構成比率を調査し、品詞構成

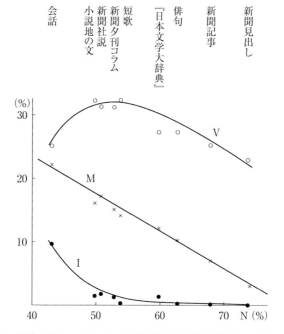

図 2.5　文章のジャンルによる品詞構成比率の相関（樺島、1979 より）

比率には文章のジャンルによって差があり、規則性を示すとした。また、樺島（1955）は名詞の比率は文章の特質を表し、名詞の比率に応じて他の品詞もある傾向を持って変化する、つまり文章のジャンルによって品詞の割合が決定されると指摘し（図 2.5）、量的関係を数式化した。これを「樺島の法則」という。図 2.5 の N、V、M、I は、名詞、動詞など八つの品詞の表現の機能を考慮して、以下のとおり四つにまとめたものである。

(5)　N …… 名詞。文の骨組みとなり、何が、何を、いつ、どこでを表す。
　　　V …… 動詞。述語となる重要な語。動き・変化を主に表す。
　　　M…… 形容詞・形容動詞・副詞・連体詞。どんな、どんなに、どんなだを表す。
　　　I …… 接続詞・感動詞。送り手の態度を直接に概念化せずに表す語。主・述・修飾語にならない。

　どのようなテキストでも、品詞構成比率は名詞（N）が最も高く、次に動詞（V）、続いて形容詞・形状詞・副詞・連体詞の類（M）、接続詞・感動詞類（I）と並ぶ。

　図 2.5 は 9 種類の資料を対象に品詞構成比率を調査した結果である。N の比率に対する V、M、I の比率を示した散布図となっている。名詞率の高い順から、新聞見出し、新聞記事、俳句、『日本文学大辞典』、短歌、新聞夕刊コラム、新聞社説、小説地の文、会話となっている。ここから、新聞見出しのように限られた文字数でまとまった事柄を述べる文章や、俳句・短歌といった韻文や辞典のような、限られた音数・字数の中で簡潔な表現が求められるジャンルの文章で、名詞の比率が高くなっていることが分かる。

2. 名詞率と MVR
　延べ語数を用いた自立語の品詞構成比率に基づきテキストの特徴を示す指標として、名詞率と MVR が用いられる。

　樺島・寿岳（1965）は、自立語について、品詞をその機能によって、体（名詞・代名詞）・用（動詞）・相（形容詞・形状詞・副詞・連体詞）・他（接続詞・感動詞）の四つに分類したとき、体の類と、用・相それぞれの類の関係を見るに当たり、MVR という指標を提案した。MVR は以下の式で表される。

　(6)　MVR ＝ 100 × 相の類の比率 ÷ 用の類の比率

　体の類の比率、つまり名詞率は、一般に「要約的」な文章で大きく、描写的な文章で小さいとする。また、MVR の値が大きいほど「ありさま描写的」であり、MVR の値が小さいほど「動き描写的」と考えられるとし、名詞率と MVR の組合せから、以下のような文体的特徴が見いだせるとした。

　(7)　・名詞比率 N が大きく、MVR が小さい文章には要約的な文章が多い。
　　　　・N が小さく、MVR が大きい文章にはありさま描写的な文章が多い。
　　　　・N が小さく、MVR が小さい文章には動き描写的な文章が多い。

　(7) に示した名詞率と MVR の組合せから見いだせる文体的特徴を図示したのが、図 2.6 である。

　ところで、この名詞率はいったい何を表しているのだろうか。ある長い文章

図 2.6 名詞率と MVR の組合せから見いだせる文体的特徴

を要約すると、形容詞や副詞は省略されたり、名詞に置き換えられたりする。さらに、名詞は「何が」「何を」といった、文の骨組みとなる物事に当たるため省略が難しい。この結果、名詞の比率が高くなると考えられる。つまり、名詞率が高い文章は「要約的」な文章となる。

　名詞率が低い文章は、ある対象の描写を主とした文章である。この対象をどのように捉えて表現するかによって、MVR の値は変わってくる。用の類（動詞）は「動き」「変化」を表す語であり、相の類（形容詞・形状詞・副詞・連体詞）は、「どんな」という様子を表すことが多い。そのため、対象を動きによって捉えて表現するのが用の類の比率が高い「動き描写的」な文章、対象を質や状態によって表現するのが相の類の比率が高い「ありさま描写的」な文章となる。

　BCCWJ のサンプルを例に見てみよう。新聞に掲載されたサッカーの前売り券情報の告知文は、試合の概要をほぼ名詞のみで伝えている。名詞率が非常に高い、「要約的」な文章の代表的なものである。

(8)　◆サッカー J2 第 36 節　コンサドーレ札幌―湘南ベルマーレ　27 日午後 2 時、札幌ドーム（豊平区羊ケ丘 1）。前売り SS 席 4200 円、S 指定席 3700 円、SA ゾーン席 3 千円（小中学生千円）、SB ゾーン 2500 円（同 800 円）、B 自由席 2 千円（同 600 円）。当日券各 200 円増し。北海道フットボールクラブ ☎ 011・750・2936　　　　　　（北海道新聞）

　次に、名詞率が低い文章の例を見よう。Yahoo! 知恵袋から二つのサンプルを挙げる。

(9)　ニンニクが臭いというのは消化して食道の中から出てくる臭いですよ
　　　ね？ そのものをこんがりあぶると香ばしいのですが臭いという人がい
　　　ます。にんにくの臭いは、消化して、血液の流れに乗り、肺にたどり着
　　　くのです。そして、呼吸とともに臭いがでてくるのです。

（Yahoo! 知恵袋）

(10)　クレヨンしんちゃんをみたのですが
　　　しんちゃんは、ぴちぴちおねいさんが大好きですが実際の 5 歳児もし
　　　んちゃんのようにおねいさんが好きなのでしょうか
　　　嫌いではないでしょう。むしろ大好きでしょう。ただ、しんちゃんみ
　　　たいに、積極的かどうか疑問です男の子だから、しょうがないと言っ
　　　てしまえばそれまでですが・・・　　　　　　　（Yahoo! 知恵袋）

　ニンニクの臭いに関する文章では、臭い発生のメカニズムに関する説明を主
としており、用の類の比率が高い「動き描写的」な文章となっている。一方で、
クレヨンしんちゃんに関する文章では、しんちゃんがどう思っているかを主と
しており、相の類の比率が高い「ありさま描写的」な文章となっている。

　図 2.7 は BCCWJ コアデータ[1] の各サンプル（Yahoo! 知恵袋を除く）の名詞
率に対する MVR の分布を示したものである。どのようなテキストでもグラフ
の左側上下ないし右下に分布する。つまり「ありさま描写的」「動き描写的」「要
約的」のいずれかに属することになる。

　例題 2 で求めた 3 種類のテキストの自立語の品詞構成比率（延べ語数）に基
づき、名詞率と MVR を算出すると、表 2.11 のとおりとなる。

　表 2.11 をグラフで示したのが、図 2.8 である。

　例題 2 で 3 種類のテキストの品詞構成比率を見た際に、テキスト 2 とテキス
ト 3 とは、名詞比率、動詞比率が近いこと、話し言葉を書き起こしたテキスト
2 と研究書の翻訳であるテキスト 3 とは、名詞率はほぼ同じであり、動詞率も
近いことから、類似した文章といえるとした。この 2 種類のテキストは、MVR
も同じ値となっており、図 2.8 では、ほぼ重なっている。名詞率と MVR の組
合せから見た文体的特徴からも、テキスト 2 と 3 とは、類似した文体的特徴を

---

1)　BCCWJ のコアデータについては小椋（2014：81-82）を参照。

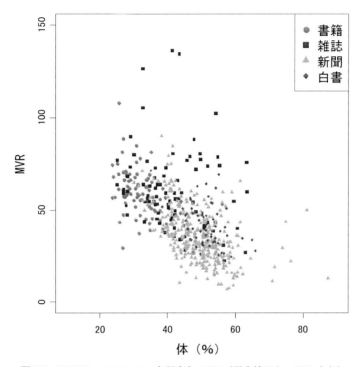

図 2.7　BCCWJ コアデータの名詞率と MVR（冨士池ほか、2011 より）

表 2.11　名詞率と MVR

	名詞率	MVR
テキスト 1	45.7	4.3
テキスト 2	56.1	38.5
テキスト 3	56.3	38.5

持っているということができる。

　3 種類のテキストは、いずれも MVR が低い。名詞率については、テキスト 1 がより低く、テキスト 2 と 3 とがより高いといえる。したがって、テキスト 1 は「動き描写的」な文章で、テキスト 2、3 は「要約的」な文章と考えられる。

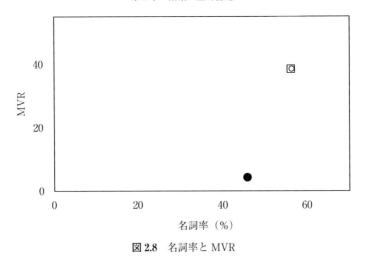

図 2.8　名詞率と MVR

演習　現代日本語の書き言葉資料を用意し、「Web 茶まめ」を用いて形態素解析を行ってみよう。それに基づく品詞構成比率の調査を行い、調査結果から文章の特徴を明らかにしよう。

　文章の特徴は、複数の異なる資料を比較することによって明らかになる。そこで、複数の資料を用意しよう。資料を用意する際は、共通点と相違点に注意して選ぶ必要がある。書かれた時期、書いた人、ジャンル、文章の長さなど、全てが異なるものを選ぶと、比率などの数値に違いが出たとしても、その要因が特定しにくくなる。発行時期が異なる新聞、書いた人が異なる同時期の小説のように、ある程度、属性が共通した資料を選ぶとよい。

【例】
・ある作者の小説とエッセイの比較
・同じ話題で書かれた新聞記事と雑誌記事の比較
・新聞（一般紙）と中高生新聞を用いた同じ話題の記事の比較

同じ作者であれば、あるいは同じ話題であれば、あるいは同じ新聞であれば、

品詞構成比率は一定なのだろうか。文章のジャンル、その文章が載っている媒体、想定読者層などによって品詞構成比率は変わるのだろうか。それとも、ほかに品詞構成比率に影響を与える要素があるのだろうか。例えば、同一作者による小説とエッセイを比較するのであれば、小説とエッセイそれぞれに複数の資料を用意して、比較するのが望ましい。

　調査結果を表とグラフにまとめ、それに基づき考察しよう。

発展　新聞の社説など、幾つか長めの文章を用意し、それを 800 字、400字、200 字で要約する。元の文と長さの異なる要約文それぞれに「Web 茶まめ」を用いて形態素解析を行う。それに基づく品詞構成比率の調査を行い、要約することと品詞にはどのような関連があるのか、考察しよう。

　自身の要約文だけではなく、他の人が作成した要約文とも比較し、どのような要約の仕方があるのか、話し合ってみよう。

参 考 文 献

小椋秀樹 (2014)「第 4 章　形態論情報」、前川喜久雄 (監修) 山崎誠 (編)『講座日本語コーパス 2　書き言葉コーパス　設計と構築』、朝倉書店、68-88

樺島忠夫 (1954)「現代文における品詞の比率とその増減の要因について」、『国語学』18、15-20

樺島忠夫 (1955)「類別した品詞の比率に見られる規則性」、『国語国文』**24**(6)、55-57

樺島忠夫 (1979)『日本語のスタイルブック』、大修館書店

樺島忠夫・寿岳章子 (1965)『文体の科学』、綜芸舎

冨士池優美・小西光・小椋秀樹・小木曽智信・小磯花絵 (2011)「長単位に基づく『現代日本語書き言葉均衡コーパス』の品詞比率に関する分析」、『言語処理学会第 17 回年次大会発表論文集』、663-666

第 3 章
語形と意味

宮内佐夜香

導 入 1 BCCWJ で「矢張り」を検索して、同様の意味を持つ複数の語形があることを確認しよう。また、各語形の用いられる頻度を出してみよう。

　本章の一つ目の課題として、語形の問題について考える。

　BCCWJ の検索ツール「中納言」の「短単位検索」を使って、「「語彙素」が「矢張り」」という指定で検索して、検索結果から、「矢張り」としてまとめられる語にどのような語形があり、それぞれどれほどの頻度で用いられるかを集計すると、表 3.1 のようになる。ここには各語形と頻度の実数値及び総計に対する比率を示し、頻度の高い順に配列している。

　これを見ると、BCCWJ の「矢張り」には同様の意味を持つ語形が意外なほど複数存在することが分かる。このうち「ヤハリ」「ヤッパリ」「ヤッパ」「ヤッ

表 3.1 「矢張り」の語形

語　形	頻　度	比　率
ヤハリ	19,876	60.4%
ヤッパリ	11,373	34.6%
ヤッパ	1,506	4.6%
ヤッパシ	96	0.3%
ヤパ	35	0.1%
ヤパリ	1	0.0%
総　計	32,887	100.0%

パシ」は内省でも想定できそうだが、「ヤパ」「ヤパリ」はこのような「語彙素」というまとまりで検索しない限り、発見しにくい例ではないだろうか。

　ただし、頻度を見ると、全体のうち95％が「ヤハリ」と「ヤッパリ」である。その他の語形の頻度は非常に低い。特に前述の通り内省ではすぐに出てこないような「ヤパ」「ヤパリ」は頻度が低く、書き言葉として広く用いられる語形ではないことが分かる。

例　題　BCCWJ内に現れる「矢張り」の各語形が、媒体別にどのような頻
1　　度で現れるのかを調べてみよう。

■ データ作成の手順

　BCCWJのうち「中納言」で検索可能な全てのデータを利用する。

① 「中納言」の「短単位検索」で「語彙素」が「矢張り」を指定し、検索結果をダウンロードする。

② ダウンロードしたExcelファイルを開く。「原文文字列」列と「レジスター」列との間に1列挿入する。列名は「媒体」とする。「媒体」列の2行目（列名の次の行）に次の関数を入力し、3行目以降にコピーする。

　　　入力する関数：=MID(S2,FIND("・",S2,1)+1,2)

「媒体」列を全選択しコピーする。セル [R1] を選択し、「貼り付け」の「値の貼り付け」を選択する。

③ 「媒体」列を全選択し、ホームタブの「検索と選択」の「置換」をクリックする。「検索する文字列」に「ベス」、「置換後の文字列」に「書籍」を入れ、「すべて置換」をクリックする。同様に「知恵」を「知恵袋」、「ブロ」を「ブログ」、「教科」を「教科書」とするなどしてもよい。

④ ピボットテーブルを用いて、語形の媒体別頻度表を作成する。web

■ 考　察

　上記の方法で作成したピボットテーブルが表3.2である。

表 3.2　「矢張り」語形　媒体別出現数（自動作成時）

行ラベル ▼	ブロ	韻文	教科	広報	国会	雑誌	書籍	新聞	知恵	白書	総計
ヤッパ	853					52	240	1	360		1506
ヤッパシ	38				1	2	42		13		96
ヤッパリ	3161	10	42	19	1041	511	4376	27	2186		11373
ヤバ	35										35
ヤハリ	2129	8	42	34	5032	565	9102	72	2855	37	19876
ヤバリ							1				1
総計	6216	18	84	53	6074	1130	13761	100	5414	37	32887

表 3.3　「矢張り」語形　媒体別出現数（配列調整）

	白書	国会	新聞	書籍	広報	知恵	雑誌	教科	韻文	ブロ	総計
ヤハリ	37	5,032	72	9,102	34	2,855	565	42	8	2,129	19,876
ヤッパリ		1,041	27	4,376	19	2,186	511	42	10	3,161	11,373
ヤッパ			1	240		360	52			853	1,506
ヤッパシ		1		42		13	2			38	96
ヤバ										35	35
ヤバリ				1							1
総計	37	6,074	100	13,761	53	5,414	1,130	84	18	6,216	32,887

表 3.4　「矢張り」語形　媒体別出現比率（配列調整）

	白書	国会	新聞	書籍	広報	知恵	雑誌	教科	韻文	ブロ	総計
ヤハリ	100.0%	82.8%	72.0%	66.1%	64.2%	52.7%	50.0%	50.0%	44.4%	34.3%	60.4%
ヤッパリ	0.0%	17.1%	27.0%	31.8%	35.8%	40.4%	45.2%	50.0%	55.6%	50.9%	34.6%
ヤッパ	0.0%	0.0%	1.0%	1.7%	0.0%	6.6%	4.6%	0.0%	0.0%	13.7%	4.6%
ヤッパシ	0.0%	0.0%	0.0%	0.3%	0.0%	0.2%	0.2%	0.0%	0.0%	0.6%	0.3%
ヤバ	0.0%	0.0%	0.0%	0.0%	0.0%	0.0%	0.0%	0.0%	0.0%	0.6%	0.1%
ヤバリ	0.0%	0.0%	0.0%	0.0%	0.0%	0.0%	0.0%	0.0%	0.0%	0.0%	0.0%
総計	100.0%	100.0%	100.0%	100.0%	100.0%	100.0%	100.0%	100.0%	100.0%	100.0%	100.0%

　行ラベルに語彙素「矢張り」の語形が、列ラベルには媒体名が、機械的に五十音順（仮名と漢字の場合は仮名が先、漢字は音読みの順）に並んでいる。

　この表3.2を、媒体別の考察に適したものになるように行列ともに配列を入れ替えて作成したのが表3.3であり、また、実数値ではなく媒体ごとの出現比率で示すと表3.4の形となる。

　語形の配列は、総計の出現数が多い順に上から並べ、媒体の配列は現れる語形のうち「ヤハリ」の率が高いものの順に並べている。

　表 3.4 のように出現比率を算出するのは、各媒体の「矢張り」の総計が異なるため、実際の数のみで比べるだけでは媒体ごとの語形の出現傾向の差が見えにくいためである（なお、表 3.4 は小数点以下第 2 位を四捨五入しているため、表示上の数値の合計が 100 ％とならない場合がある）。

　これらの表から、「ヤハリ」が最も多い媒体である白書と最も少ない媒体であるブログを比べてみると、白書では「ヤハリ」のみであるのに対して、ブログは「ヤハリ」より「ヤッパリ」の方が出現数が多い。また、ほかに「ヤッパ」「ヤッパシ」「ヤパ」が現れていて、白書よりも語形の種類が多い。このように、明らかに媒体別に出現傾向が異なることが分かる。

　次に出現の実数と出現比率に目を向けて、全体の 95 ％を占める「ヤハリ」「ヤッパリ」の出現状況から見ていくと、ほとんどの媒体で「ヤハリ」が最も多い。しかし、知恵袋より右側に配列した各媒体は「ヤッパリ」が 40 ％を超えるなど、比率が高くなっている。特に、ブログは「ヤッパリ」の方が「ヤハリ」より多く現れている。

　残りの出現頻度の低い語形の中では総計で「ヤッパ」が最も多く、媒体別にはブログが 14 ％程度と最も比率が高い。ブログには他の語形も現れるが、「ヤッパシ」の出現比率も他の媒体に比べて高く、「ヤパ」という語形はここにしか現れない。「ヤッパ」の比率はブログに続いて高い順に、知恵袋、雑誌、書籍の順となっている。

　以上から、政府による出版物である白書の文章などに現れるような語形と、ブログなどのインターネット上の個人の文章に現れるような語形に大きく違いがあることが分かる。白書や新聞は「かたい」文体で、現れる語形は規範的な形であるといえる。ブログは「くだけた」文体で書かれることが多く、その中には「ヤッパシ」「ヤパ」など「ヤッパリ」からさらに何らかの音変化が起こった俗語的な語形が多く現れる。出版物の中でも、会話文を含む書籍や若い世代向けの内容なども含む雑誌に俗語的な語形が現れている。

▎解　説

1.　語形のバリエーションと規範性　　語には、異なる形態を持ちながら、同様の意味を持つ一群がある場合がある。この場合の異なる形態とは、元となる

語形から何らかの音変化を起こしたと見られる、形態上の共通性を持つものを
指す。例えば代表的な事例として次のようなものが挙げられる。

A　促音や撥音が挿入されたものと元の語形
　　「トテモ」と「トッテモ」
　　「アマリ」と「アンマリ」

B　一部が促音化、撥音化したものと元の語形
　　「アタタカイ」と「アッタカイ」
　　「アナタ」と「アンタ」

C　子音の音が弱まって母音音節となったものと元の語形
　　「ワタシ」と「アタシ」

D　子音や母音が交替したもの
　　「オソロシイ」と「オトロシイ」
　　「デキル」と「デケル」

E　音が脱落したものと元の語形
　　「オモシロイ」と「オモロイ」

このような語形の異なりを、異語形、異形態、バリエーションなどのように
呼ぶ。元となる代表的な語形は規範的な語形として認識されるもので、かたい
書き言葉でも用いられる。それに対して音変化を起こした結果の語形は話し言
葉などのくだけた場面で現れやすいもので、かたい書き言葉には用いられにく
い非規範的な語形といえる。書き言葉の文章にもかたいものからくだけたもの
まで様々な文体があるため、その性質によってどのような語形が現れやすいの
かが変わってくることになる。

　導入 1 と**例題 1** では、BCCWJ に収録された全てのデータを対象に、語彙素
「矢張り」を検索した。BCCWJ の短単位情報は、形態素解析用辞書 UniDic に
基づくものである。UniDic は語彙素と呼ばれる見出し語の下に、同じ語と見な
される異語形が複数所属するという構造となっている。そのため、語彙素で検
索すれば、そこに所属する異語形の用例全てが抽出可能である。この構造に基
づき、ここまでもそうしていたように、同じ語のまとまりは「矢張り」のよう
に UniDic の語彙素の表記で示し、所属する語形は「ヤハリ」「ヤッパリ」のよ

うに片仮名で示す。

　導入 1 でも**例題 1** でもこの情報を利用して語彙素「矢張り」を検索することで、そこに所属する異語形全てを抽出することができた。その結果、BCCWJ 内の「矢張り」には「ヤハリ」を元の語形として促音が挿入された「ヤッパリ」、「ヤッパリ」がさらに変化し、子音が交替した「ヤッパシ」、そこから音が脱落した「ヤッパ」や「ヤパ」のような異語形が発見された。

　さらに**例題 1** では BCCWJ のレジスターの情報を利用し、データを媒体別に分けて集計した。BCCWJ は出版サブコーパス、図書館サブコーパス、特定目的サブコーパスの 3 種のサブコーパスによって構成されているが、媒体という点で見直すと、書籍については全てのサブコーパスに含まれている。レジスター情報のうち出版・書籍、図書館・書籍、特定目的・ベストセラーはいずれも出版された書籍であるという点では同じものである。今回の**例題 1** のように、媒体という観点で観察する際には、レジスターをそのまま利用するのではなく、これらをまとめるのも一つの方法である。今回は書籍をまとめて扱うこととし、レジスターの情報を利用した文字列操作を行って、改めて媒体というラベルをつけ直して集計した。

　特定目的サブコーパスには様々な媒体が含まれている。このうち Yahoo! 知恵袋、Yahoo! ブログは同じくインターネット上の書き言葉であるが、二つのサービスの目的の違いに応じて、ここではまとめずに集計した。

　特定目的・国会会議録は会議の書き起こしであり、BCCWJ の中で、唯一話し言葉を元としたコーパスである。また、韻文は用例が非常に少ない。この二つは検索や集計の際は除外しなかったが、以下の解説では扱わないものとする。

　集計の結果、**考察**で見たように、代表的な語形である「ヤハリ」が多くの媒体で最も比率が高いという結果となった。この結果は書き言葉が規範性の高いものであることを示している。その中で、書籍、知恵袋、雑誌、ブログは書き言葉の中でもくだけた文体が含まれるものであり、非規範的な語形が現れる。特にインターネット上の言語は非規範的な語形が現れやすい。Yahoo! 知恵袋は質問掲示板という性質上、見知らぬ人とのやりとりが前提となっており、やや丁寧な文体が現れやすいため、ブログよりも規範的形式に寄っていると考えられる。前述のように、媒体ごとの文体の違いに従って、現れる語形にも違いが

出ているわけである。

2.　書き言葉の文体と語形　　　音変化を起こした語形は非規範的であると述べたが、表の数値を見る限りでは、「ヤッパリ」については一概にそうとはいえない出現傾向となっている。例えば、新聞や地方自治体の広報紙のような公的性格の強い媒体に現れている。また、教科書のような規範性の高いと思われる媒体に「ヤハリ」と同等の頻度で用いられている（以下、本書では BCCWJ の用例の出典は、サンプル ID で示す）。

　具体的にどのような用例なのかを見てみよう。

(1)　市長　今は、何が一番の楽しみですか。　　金井　やっぱり対局が一番楽しいです。（OP24_00001）

(2)　かっこいい車に乗りたいな！　でも学校で教わった環境のことを考えてやっぱりエコカーがいいかな　（OP11_00001）

(3)　姫路から家族四人で訪れた男性は「夏はやっぱり海。毎年、竹野に来ています」。（PN2k_00004）

(4)　「やまかがしは毒があるのか。」「かまれれば、やっぱり毒だろう。」と逸平が言った。（OT02_00007）

(5)　対談とか討論番組になると、出席者がやたらに「やっぱり」を連発することに気がついた。そのように連発される「やっぱり」という日本語の意味はどういうことなのか　（OT03_00004）

　(1) は広報誌の対談記事、(2) は広報誌に子どもの書いた未来の目標として掲載されている文、(3) も新聞のインタビュー取材の引用部分である。教科書は (4) のような会話のほか、(5) のような「やっぱり」という言葉そのものについて論じた論説文が収録されていることが出現数に影響していた。

　具体例を確認していくと、公的な性質を持つ媒体に非規範的な語形が現れるのは、会話文や子どもの作文部分、該当する言葉そのものへの言及（メタ言語的表現）など、一般的な書き言葉とは異なる部分のみであった。やはり音変化した語形はかたい文体には現れにくいことが分かる。

　このように規範的な特徴を持つ媒体であっても、引用部などにはくだけた文

体を用いることがあり、その中に語形の違いが見られる。このことから非規範
的な語形の出現傾向を、ある媒体の書き言葉の中にくだけた文体がどの程度含
まれるのかという目安として考えることもできる。

3. 語形の違いと意味の違い　　さて、異語形について、1節で「異なる形態
を持ちながら、同様の意味を持つ一群」であると述べた。ここで取り上げてい
る「矢張り」の異語形について国語辞典類を引いてみると、「ヤハリ」以外の語
形のうち「ヤッパリ」は多くの辞書に立項されている。その記述をいくつかの
辞書から引用すると、以下のようになっている。

(6)　（「矢っ張り」と当てる）ヤハリの促音化　　　　　　（『広辞苑』第6版）

(7)　「やはり」を強めた語。多く話し言葉に用いる。〔「やっぱ」「やっぱし」
　　　など、「やっぱり」から転じた俗語形も見られる〕（『大辞林』第3版）

(8)　→やはり▽俗語（方言）で「やっぱし」「やっぱ」とも言う。
　　　　　　　　　　　　　　　　　　　　　　　（『岩波国語辞典』第7版）

(9)　「やはり」の口頭語形。　　　　　　　（『新明解国語辞典』第7版）

(10)　「やはり」のくだけた言い方→やはり◇さらにくだけた言い方で「やっ
　　　ぱし」「やっぱ」とも。　　　　　　　　（『明鏡国語辞典』第2版）

このように、「ヤハリ」を参照するように指示されるケースが多く、「ヤッパ
リ」についてあらためて意味が記述されることは稀である。「ヤッパシ」「ヤッ
パ」などのさらに変化した語形に触れる辞書もいくつか存在するが同様に意味
についての言及はない。Yahoo! ブログのみに現れ、国語辞典に記述がないない
ようなさらに短縮された語形「ヤパ」については実例を見てみよう。次の
(11)(12)のような用例があるが、これは代表的語形の「ヤハリ」と置き換え可
能であると思われる。

(11)　うん、やぱ、甘味の究極は、果物だね。アレコレ人の手でこね回した
　　　ものは、やぱ、身体の奥にすぅっと入ってこない気がする。
　　　　　　　　　　　　　　　　　　　　　　　　　　（OY03_04390）

(12)　1時間くらいは悩んだんだけど、やぱ食べたいナーと思って。
　　　　　　　　　　　　　　　　　　　　　　　　　　（OY14_13636）

その他の全例を確認しても同様であり、各異語形の意味は元の語形の持つ意味の範囲にとどまるものと思われる。

以上のように「矢張り」については語形が違っても意味上の差は認められないと考えてよさそうである。前述の異語形の例として挙げた A 〜 E のようなものも同様であり、語形の音変化の多くの事例は意味の変化を伴わないことが確認される。

では、次のような場合はどうであろうか。

(13)　おれは<u>マジ</u>だよ。ふざけてなんかいないって証拠に耳寄りな情報を教えてやろう。（LBs9_00247）

(14)　こんなハチャメチャな写真のほうが後でも楽しめるから、結構書き込みは<u>マジ</u>なんですけど、そのギャップも笑える（PM11_00738）

(15)　一番最悪だったのが、太もも裏の筋肉をつけるトレーニング。<u>マジ</u>にハードで、トレーニングした数日間、尻が痛くて仕方なかった。

（LBm7_00048）

(16)　いやぁ、この冬は<u>マジ</u>で寒いね。（PM35_00180）

(17)　<u>まじ</u>で全国に行けると思っていたので悔しい。（PN5j_00018）

(18)　〈おい、聞いたかよ。二十年だとさ、あいつ大丈夫かよ〉〈<u>まじ</u>かよ、初耳だよ、そんな話、聞いたことねーよ〉　生徒達が囁く中、

（PB29_00541）

(19)　あんまり恐くないのが好きだったら見てみてはいかが？　あの子役は<u>マジ</u>演技うまいっす！（OC01_07556）

(20)　おお、こうなったら俺の<u>マジ</u>、見せたろうやないかい。（PB59_00063）

(13) 〜 (20) に挙げたのは、BCCWJ に見られる「まじ」という語の用例である。「まじ」は形容動詞語幹「まじめ」の略語である。例えば『広辞苑』第 6 版では「「まじめ」の略」とあるのみでその他特に意味の記述は見られない。

ところが、(13) 〜 (20) の「まじ」がすべて「まじめ」に置き換えられるわけではない。(13) (14) は「まじめ」でも文意が通るが、(15) の「まじに」は「まじめにハード」ともいえるかもしれないが、「ほんとうに」と強調するような意味であり、(13) (14) と意味が異なる。(16) (17) の「まじで」も「ほんとうに」

という意味（(17) は「本気で」とも）で用いられており、さらに「まじめ」は「まじめで寒い」のような「〜で」の形は不自然であって、その点でもこれらの「まじ」は「まじめ」とは置き換えられない。(18) の「まじか」はそれが現実のこと（ほんとう）かどうか問う用法であり、「まじめ」にはこの意味はない。(19) は (15) 〜 (17) と同様「ほんとうに」の意味だが、「〜に」「〜で」などの形容動詞語尾が付いておらず、このような単独で副詞として働く用法は「まじめ」にはない。(20) は形容動詞的な用法ではなく「本気」という意味の名詞であると考えられる。「本気である」という意味は「まじめ」にもあるが、「まじめ」は名詞的には用いられない。

　このように、「まじめ」の略語である「まじ」にはもとの語形の意味を保ちながらも、異なる意味が広く派生しており、異なる品詞で用いられる用法も発生している。「マジメ」から「メ」が脱落するという変化は、「矢張り」のバリエーションや A 〜 E に示したような音変化以上に語形の異なりが大きく、関連が認められる語形同士であるものの、UniDic でも語彙素は別として扱っている。語形の異なりの程度が大きいことが関連している可能性があるが、このように語形が変化することによって意味の派生が生じるケースも存在することに注意したい。

導入 2　「深い」という語の対義語は「浅い」であると考えられる。この対義語のペアの BCCWJ における使用件数を検索によって取得して、現れ方に差があることを確認しよう。

　さて、先に語形に関連した意味の問題を見たが、語の意味について、また別の観点から考えてみたい。ここでは「対義語」の問題について見ていく。

　導入 1 と同様に BCCWJ の検索ツール「中納言」の「短単位検索」を使って、「「語彙素」が「深い」」、また、「「語彙素」が「浅い」」という指定で検索してみよう。すると、以下の結果が得られる。

　深い：16,460 件

浅い： 1,587 件

いずれも基礎語彙といってもいい語であり、品詞が同じであり、意味としても対になる語でありながら、BCCWJ の中での使用数にこれだけ差が出ている。語としての使用のされやすさ、という点では差があるものと思われる。

例 題 2	形容詞「深い」がどのような対象に用いられるのかを知るために、「X が深い」「深い X」の「X」にどのような名詞が現れるのかを調べてみよう。対義語「浅い」についても同様の確認をしてみよう。

■ データ作成の手順

BCCWJ のうち「中納言」で検索可能な全てのデータを利用する。

① 「短単位検索」でキーに品詞大分類「名詞」を指定する。後方共起条件（キーから1語）の追加を行い、語彙素「が」を指定し、短単位条件の追加で品詞中分類「助詞-格助詞」を指定する。さらに後方共起条件（キーから2語）を追加し、「語彙素」が「深い」、「活用形」の大分類「終止形」を指定する。この検索結果をダウンロードする。

② ①と同様「短単位検索」でキーに品詞大分類「名詞」を指定する。前方共起条件（キーから1語）の追加を行い、「語彙素」が「深い」、短単位条件の追加で「活用型」の大分類「形容詞」、「活用形」の大分類「連体形」を指定する。この検索結果をダウンロードする。

③ 上記①②でダウンロードしたデータを一つの Excel ファイルにまとめ、ピボットテーブルを用いて「語彙素」の頻度表を作成する。操作方法については**例題1**と同様。

④ 「浅い」についても同様の操作を行う。

■ 考 察

上記の方法で作成したピボットテーブルは表3.5である。頻度の降順に並べ替え、上位20語までを表示している。このうち「事」「所」「物」などの形式的

表 3.5　「深い」「浅い」対象語頻度（上位 20 語　降順）

「深い」		「浅い」	
行ラベル	データの個数 / 語彙素	行ラベル	データの個数 / 語彙素
物	285	眠り	41
所	281	所	37
関係	214	物	36
事	185	事	22
意味	164	海	22
眠り	111	為	19
関わり	102	日	12
溜め息	93	方	11
悲しみ	77	人	11
森	75	者	9
愛情	70	部分	8
皺	68	知識	8
傷	65	溝	8
関心	63	場所	8
奥	62	器	7
理解	60	地震	7
人	54	川	7
部分	51	時	6
繋がり	45	歴史	6
闇	45	内	5

な名詞は考察の対象としない。

　これを見ると、共通して 20 位以内に入っている語は「眠り」のみで、他の上位に来る語は一致しないことが分かる。例えば「深い」の上位、214 例ある「関係」は「浅い関係」が 2 例、164 例ある「意味」は「浅い意味」が 1 例と、全くないわけではないが出現数は少ない。次に多い「関わり」「溜め息」「悲しみ」などは「浅い」の対象には現れていない。

　「浅い」の上位、22 例ある「海」については、「深い海」が 29 例、「海が深い」が 1 例ある。8 例の「知識」は「深い知識」が 18 例、同じく 8 例の「溝」は「深い溝」が 23 例ある。これらは「深い」の中の出現率という点では高い数値ではないが、単純な出現数としては「浅い」と同程度、または「深い」の方が

数が多くなっている。「浅い」の対象となる名詞は、概ね「深い」の対象ともなっていることになる。

　以上のように、**導入2**で確認した使用数の差だけではなく、対象の範囲に違いがあることが分かる。特に、「関係」や「意味」、「悲しみ」「愛情」等の感情のような抽象的な語彙は、「深い」にはあるが「浅い」にはあまり見られない。「浅い」は主に物理的な尺度に関連して用いられている。

▌解　説

　1. 対義語とは何か　　**例題2**で確認した問題を考えるに当たって、そもそも対義語とは何かということを確認しておこう。対義とは語の意味の関係を考える上での分類の一つで、「対義語」とひとくちにまとめられる中にも、様々な種類がある。例えば次のように分類される。

A　一方でなければ必ず他方となるような、相補的な関係のもの。中間の段階はない。
　　【例】　男／女　表／裏　既読／未読
B　ある一つの事柄や関係を異なる視点で表すもの。一方が生じれば必然的にもう一方も生じている関係。
　　【例】　売る／買う　行く／来る　くれる／もらう
　　　　　親／子　夫／妻
C　空間や時間的な対極に位置する関係。
　　【例】　南／北　右／左　始まり／終わり
D　連続性を持った程度の違いを表すもの。中間の段階があり、その境界を定めることができない。
　　【例】　高い／低い　熱い／冷たい　善／悪
E　ある動きについて逆方向の意味を表すもの。
　　【例】　上がる／下がる　開ける／閉じる　入る／出る

　これら対義語は、「反対」「逆」「対極」のような語で表される関係であるが、それぞれ全く関係のない語というわけではない。ある基準を共有しているからこそ「反対」「逆」「対極」という関係が生じる。その意味で、対義語は大きく

考えれば類義語の範疇である。

　また、Eの例で「上がる」に対して「下がる」を対義語として挙げたが、「下りる」もまた「上がる」の対義語となり、このような場合唯一無二の対があるというわけではない。

　さらに、形容詞のうちDのような程度を表したり、動詞のうちEのような方向性のある動きを表すようなものの場合、対となる語を見いだすことができるが、全ての形容詞、動詞に対義関係が見つけられるわけではなく、対義語は語彙のあり方を考える上で絶対的なものではない。

　このように特にDやEの対義語は単純明解には捉えられない側面がある。そのことにより国語辞典などの意味記述には対義語について記述がないものも多く、記述する際にも慎重な扱いをしていることが多い。

　導入2、例題2で取り上げた「深い」について、一例として意味記述に対義語への言及がある『新明解国語辞典』第7版（三省堂書店、2011）で引いてみると、四つの意味に対して「大部分の対義語は、浅い」とあり、他多くの辞典でも対義語が示される場合には「浅い」が挙げられる。対義語としてごく一般に認識されているものであるが、『新明解国語辞典』の記述には「大部分の」のような表現があり、このようなところに記述の慎重さがうかがえる。

　「深い」と「浅い」は上記の分類でいえばDに当たり、A〜Cのような明確な対があるタイプとは異なる。ある尺度における程度を表す対義語であり、その境界を決める絶対的基準は存在しない。その中間段階や基準を表す際には、「○○に比べて深い／浅い」や副詞などを用いた「とても深い／浅い」「あまり深く／浅くない」など、場面に応じて様々な表現が用いられることになる。

　2.　対義語の非対称性　　**例題2**では、「中納言」の共起検索を利用して、「深い」「浅い」がどのような名詞を修飾するのか、どのような名詞を対象語とするのか、ということを見るためのデータを取得した。その結果から、**考察**で見たように意味上で対になる語であっても、用いられ方が同様であるとは限らないことが分かった。前節で述べた対義語の「単純明解には捉えられない側面」の一面であり、対義語の非対称な性質を示すものである。

　対義語の非対称性には様々なケースがある。例えば「ある」「無い」は意味上

対極にある対義語だが、品詞が動詞と形容詞というように異なる。また、「間接」「直接」という対義語は意味上対になるものであり、漢語として語構成上の対称性もある。しかし、「直接」は「直接伝える」のように副詞として用いられるのに対して、「間接」は「間接的に伝える」のように接尾辞を付加しないと副詞的には用いられない。このような文の上での働きが非対称となる対義語も存在する。

　例題2で調べた「深い」「浅い」は品詞も同じであり、特に物理的な問題においては用いられ方も対称性があるものと思われる。ただし、対象の抽象度が高い場合は「浅い」が用いられることは少ない。「深い」の方が用法が広いともいえるし、このような表現においては程度が大きいことを表そうとする表現の方が、日本語としてよく用いられるということであるとも考えられる。その点において表現上の非対称ともいえる状況が認められる。

　「深い」「浅い」以外にも同様のことがいえるのか、頻度の高かったもののうち「関係」を例に、「中納言」で、今度は「関係がY」「Y関係」のYにどのような形容詞または形状詞が現れるのか、という検索をして確認してみよう。Yに当たる語は異なりで214語あった。このうち「関係」の程度を示すと考えられる語に限って頻度とともにリストアップした結果を以下に表3.6として示す。左側が程度大、右側が程度小である（表3.6はピボットテーブルで集計したものの簡略化である）。

　これを見ると程度性を示す表現は異なり語数では大も小も同程度だが、頻度でみれば「深い」だけでなく他の程度大の語も、対となるような程度小の語よりも高頻度で用いられている。中でも「密接」「緊密」「親しい」「近い」「密」

表3.6　「関係」程度を表す形容詞・形状詞一覧

密接	374	強固	6	希薄	9	緩やか	2
深い	214	近しい	2	疎遠	5	軽い	2
緊密	77	強力	2	ドライ	5	弱い	2
親しい	43	高い	2	冷たい	5	ビジネスライク	1
近い	41	濃い	2	遠い	4	余所余所しい	1
強い	11	フレンドリー	1	薄い	4		
密	10	濃厚	1	浅い	3		

など、関係の"距離"を示すような表現が多くを占めているが、対する「疎遠」「遠い」などの出現数は少ない。「関係」という抽象名詞においては「深い」に対する「浅い」だけではなく、程度小を表す表現が全体に出現頻度が低いことが分かる。また、程度小の語の中では「浅い」よりも「希薄」「薄い」のようなものが比較的多いが、その対義語となる「濃厚」「濃い」は程度大の語の中では比較的頻度が低い。どちらかで用いられやすいからといって、もう一方の表現でその対義語が用いられやすいわけではないという状況も見て取れる。

3.　一対多の対義語　　前節では「深い」と「浅い」という一対一の対義語をめぐって用いられ方の非対称を見たが、対義語には一つの語に対して複数の語が存在する場合がある。

一つは、E の例として挙げた「上がる」に対する「下がる」「下りる」のようなもので、意味のかなり近い類義語が存在するときに起こる。

もう一つは、多義の語の場合に、その意味に応じて異なる対義語が想定されるものである。例として、上記で「関係」に関して「薄い」「濃い」という対義語を取り上げたが、「薄い」には「厚い」という対義語も存在する。これは「薄い」の意味が複数存在することによる。『新明解国語辞典』第 7 版では「比較の対象とする（一般に予測される）状態と比べ、厚みが少ない様子だ」という意味の対義語として「厚い」が、「〔その色・味・濃度・密度などの〕感覚を刺激する度合が比較の対象とする（一般に予測される）状態より弱い様子だ」という意味の対義語として「濃い」が示される。三つ目の意味として「比較の対象とする（一般に予測される）状態ほどは、その程度が高くない様子だ」とあるが、これには対義語が示されない。最後の意味は先に見た「関係が薄い」がこれに当たるだろう。「関係」は「薄い」という表現に対して「濃い」はあまり見られなかったが、この辞典記述はそのような使用実態が反映されており注目される。

このように類義語が多い意味領域や多義語において、対義語の多様性が発生することがある。

例題 2 と同様に、「中納言」の共起検索を利用し、「濃い」「厚い」の被修飾語と対象語（「濃い—」「—が濃い」など）を抽出し、集計した結果を表 3.7 と

表 3.7　「濃い」対象語頻度（上位 20 語　降順）

色	124	霧	35	グレー	18	茶色	14
目	106	緑色	31	ブルー	17	紫	14
物	65	化粧	22	赤	16	青	13
緑	60	方	21	紫色	15	灰色	13
ピンク	47	影	20	味	14	闇	13

表 3.8　「厚い」対象語頻度（上位 20 語　降順）

雲	56	信仰	19	唇	12	事	10
壁	40	本	18	層	12	板	10
物	22	氷	17	部分	11	胸	9
人	21	所	13	葉	10	カーテン	9
信頼	19	胸板	13	皮	10	ガラス	7

表 3.8 に示す。

　表 3.7、3.8 を見ると、「濃い」「厚い」の対象となる語は重ならない。「薄い」の対義語として意味が完全に分かれていることが分かる。また、「関係が薄い」のような「薄い」の対義語が辞書には示されていなかったことに触れたが、「濃い」の上位語には抽象名詞が現れず、「厚い」の上位語には「信頼」や「信仰」といった抽象名詞が見られるが、これらは「薄い」ではあまり用いられない。「薄い」の一部の意味領域には対義語となる語がないことが改めて確認される。

　続いて、「下がる」と「下りる」の主語として現れる語（「―が下がる」「―が下りる」）を「中納言」で抽出した。「―が下がる」の例は延べ 1,448 例あり、主語として現れる語は異なりで 336 語であった。「―が下りる」の例は延べ 599 例あり、主語として現れる語は異なりで 238 語であった。「下がる」の方が広く用いられていることが分かる。

　表 3.9 として、「下がる」の上位 20 語を示した。ここに挙げた語は、概ね「上がる」でも用いられる語である。しかし、これらは類義の「下りる」の主語としては現れないものである。これら「下がる」の表現として出現頻度の高いものは、「下りる」とは共通しないことが分かる。

　次に「下りる」の主語にどのような語が来るのかを見てみよう。同様に上位20 語を表 3.10 に示した。

表 3.9 「下がる」主語　頻度（上位 20 語　昇順）

頭	98	率	54	株価	37	物価	15
気温	89	価値	51	レベル	24	株	15
熱	85	体温	43	金利	23	評価	13
温度	77	血圧	42	テンション	20	水位	13
価格	58	値段	37	成績	19	コスト	11

表 3.10 「下りる」主語　頻度（上位 20 語　昇順）

許可	60	男	15	金	10	ビザ	8
霜	37	認可	14	帳	10	命令	7
荷	30	人	14	神	10	赤ちゃん	6
幕	27	保険	12	判決	9	カーテン	5
シャッター	21	沈黙	11	錠	9	階段	4

　表 3.10 に挙げた語を確認すると、多くが「上がる」の主語とはならないような語が多く、「下りる」が「上がる」の対義語となるケースはあまり多くないことが分かる。このうち「上がる」も用いられるのは「幕」「シャッター」「カーテン」などの具体物である。このような、"吊られた物体"の"上下移動"においては「上がる」「下りる」は対義語となる。また、これらの具体物には「下がる」も用いることができる。「下りる」と「下がる」はこのような場合においては用法が共通していることも分かる。

　このような結果から、「上がる」との対照において、「上がる」のどの部分が「下がる」と対称的なのか、「下りる」と対称的なのか、ということが考察可能であり、「上がる」の意味の分類として還元できる。また、類義語について、主語や修飾語、被修飾語にどのようなものが来るのか、といった観点から観察することで、意味の差を記述することができる。

　以上のように、類義語・対義語は複合的に関連しあう問題であり、語の意味分類を考えるに当たって切り離せない観点であるといえる。

演習 1　例題 1 では副詞や形容動詞（自立語）の異語形について考えたが、異語形は付属語的要素にもある。例えば「〜てしまう」「〜ちまう」「〜ちゃう」のような文法形式のバリエーションが挙げられる。これらの異語形について、BCCWJ でどのような情報が付けられているのかを確認してみよう。さらに、例題と同様にレジスターや意味の差があるのかについて分析してみよう。

演習 2　BCCWJ よりも収録語数の規模の大きい『国語研日本語ウェブコーパス』（NWJC）を用いて、対義語「深い」「浅い」や「薄い」「濃い」「厚い」、「上がる」「下がる」「下りる」の関係について、今回の例題 2 や解説 2 で確認したのと同じことがいえるかどうか、検証してみよう。

発展 1　ある語の語形の変化に関して、現代語共通語のバリエーションだけではなく、方言や日本語史の観点で事例を見つけてみよう。それがどのような語形変化に分類されるのかや、意味上の変化を伴うのかなど、多角的な観点から考察してみよう。

発展 2　「深い」の対象として頻出する抽象名詞について、「浅い」などの程度小の対義語はあまり用いられないことを確認したが、では「深い」の対義的な中間段階を表現する際にはどのような表現が用いられるのだろうか。例題 2 で行った直接の連体修飾や「〜が―」のみの検索では見えてこなかった表現について、コーパスを用いて調べてみよう。また、程度小の対義語の用いられにくさについて、解説 2 では「関係」についてのみ確認したが、他の抽象名詞の表現についても同じことがいえるのか、様々な抽象名詞の程度表現について調べてみよう。

第4章

語　　種

金　愛蘭

導入 形態素解析支援アプリケーション「Web 茶まめ」を使って、「近所の本屋に旅行のガイドブックを買いに行った」という文を解析し、各語の語種にどのような情報が示されるか、確認してみよう。

　語種とは、単語の出自、すなわち、その単語がその言語の固有語であるか、それとも外国語からの借用語であるかということを問題とする語彙的カテゴリーである。日本語の場合は、日本固有の語である和語、中国語から借用した語である漢語、欧米系の諸言語から借用した語である外来語の3種類に加えて、和語、漢語、外来語のうち異なる2種類以上の語種が結合した語である混種語を加えた4種類とすることが一般的である。

　「Web 茶まめ」のテキストボックスに上記の1文を入力して、「出力項目」を「語彙素」「語彙素読み」「品詞-大分類」「語種」の四つにして解析すると、図4.1のような解析結果が得られる。

　図4.1の「語種」列を見ると、「の」「に」「の」「を」「買い」「に」「行っ」「た」には「和」と、「近所」「旅行」には「漢」と、「ガイドブック」には「外」と、「本屋」には「混」と表示されている。「Web 茶まめ」の解析結果に表示されている「和」「漢」「外」「混」はそれぞれ和語、漢語、外来語、混種語の略である。

　この解析結果から、「近所の本屋に旅行のガイドブックを買いに行った」という文は、和語8語、漢語2語、外来語と混種語各1語の合計12語で構成されていること、4種類の語種のうち和語が最も多く用いられていることが分かる。

辞書	文境界	書字形（＝表層形）	語彙素	語彙素読み	大分類	語種
現代語	B	近所	近所	キンジョ	名詞	漢
現代語	I	の	の	ノ	助詞	和
現代語	I	本屋	本屋	ホンヤ	名詞	混
現代語	I	に	に	ニ	助詞	和
現代語	I	旅行	旅行	リョコウ	名詞	漢
現代語	I	の	の	ノ	助詞	和
現代語	I	ガイドブック	ガイドブック-guidebook	ガイドブック	名詞	外
現代語	I	を	を	ヲ	助詞	和
現代語	I	買い	買う	カウ	動詞	和
現代語	I	に	に	ニ	助詞	和
現代語	I	行つ	行く	イク	動詞	和
現代語	I	た	た	タ	助動詞	和

図 **4.1** 「Web 茶まめ」の解析結果

例　題　1 芥川龍之介の短編「猿蟹合戦」の本文を対象に語彙調査を行い、語彙表を作って、その語種構成比を調べてみよう。

■ **データ作成の手順**

　「猿蟹合戦」の本文は、インターネット電子図書館「青空文庫」からダウンロードすることができる。ルビや注を削除したテキストを「Web 茶まめ」による形態素解析にかけ、Excel のピボットテーブルによる表作成の機能を利用して語彙表を作成する。作成された語彙表から、再びピボットテーブルを使って語種構成の表を作成し、さらにそれを円グラフにして語種構成比を求める。具体的な手順は以下のとおり。

① 「猿蟹合戦」のテキストファイルを青空文庫のホームページからダウンロードする。ダウンロードしたテキストファイルから、ルビや注を削除する。

② 「Web 茶まめ」のテキスト入力ボックスに「猿蟹合戦」の本文全体を貼り

付け、「出力形式」を「Excel 形式でダウンロード」と、「出力項目」を「語彙素」「語彙素読み」「品詞–大分類」「語種」と指定して解析を実行する。

③　ピボットテーブルを用いて、「猿蟹合戦」の語彙頻度表を作成する。語彙頻度表を基にピボットテーブルを用いて、各語種の異なり語数、延べ語数を求める。 web

■ 考　察

「猿蟹合戦」の語種構成は表 4.1 のとおりである。またそれをドーナツグラフ（二重円グラフ）にしたものが図 4.2 である。

表 4.1、図 4.2 を見ると、異なり語数では漢語がわずかに和語を上回っているが、延べ語数では逆に和語が漢語を大きく上回っている（外来語と混種語の比

表 4.1 「猿蟹合戦」の語種構成

語　種	異なり語数	延べ語数
和語	185	464
漢語	190	255
外来語	5	5
混種語	11	13
計	391	737

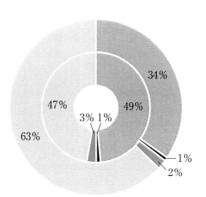

図 4.2 「猿蟹合戦」の語種構成比
内側：異なり語数、外側：延べ語数。

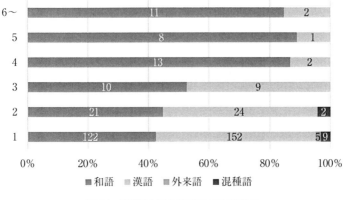

図 4.3　「猿蟹合戦」度数別の語種構成

率はともに非常に小さい）。異なり語数と延べ語数とで語種構成比が異なるの
は、和語と漢語の使用度数の違いによるものと考えられる。

　そこで語の使用度数ごとの語種構成を見てみよう。図 4.3 は解析結果から固
有名詞などを除き、使用度数の大きい階級をまとめるなどして整えた上で、棒
グラフにしたものである。図 4.3 を見ると、使用度数の小さい方の階級では漢
語の方が和語よりわずかではあるが多く、使用度数の大きい方の階級では和語
の方が漢語より多いことが分かる。

　このことは、「猿蟹合戦」という作品でより多く使われる語には和語が多いと
いうことを示している。和語にはこうした高頻度語が含まれているために、異
なり語数つまり種類としては漢語の方が多くとも、延べ語数つまり使用される
回数としては和語の方が多くなる、というわけである。

　では、この和語の高頻度語とはどのような語なのか、具体的に見てみよう。
語彙表で、度数 4 以上の和語 32 語を降順に並べると、以下のようになる（語彙
素読みと語彙素で表示）。

　カニ（蟹）　アル（有る）　スル（為る）　イウ（言う）　イル（居る）　サル
（猿）　ソレ（其れ）　ソノ（其の）　コト（事）　ナル（成る）　ニギリメシ
（握り飯）　カレ（彼）　コノ（此の）　コロス（殺す）　シル（知る）　ソ
ウ（そう-伝聞）　タメ（為）　ナカ（中）　ホカ（他）　アキラメル（諦める）

ウス（臼）　カキ（柿）　カタキウチ（仇討ち）　シカシ（然し）　タマウ
（給う-尊敬）　タマゴ（卵）　トル（取る）　ナイ（無い）　ハチ（蜂）　ハ
ナス（話す）　モノ（物）　ヨル（因る）

　ここで、□で囲んだ語とそれ以外の語との間には、明らかな違いがある。前
者は芥川の「猿蟹合戦」という作品に特有の語、後者はそれ以外のテキストで
も使われる可能性が十分にある、つまり、日本語で書かれたテキストであれば
どのようなものにでも使われるような基本的で形式的な意味を持つ語である。
「猿蟹合戦」という作品における和語の高頻度語には、こうした異なる性質の語
が混在しているのである。

▌解　説

　異なり語数と延べ語数で語種構成比が異なるという現象は、大規模な語彙調
査では一般的に観察されるものである。図 4.4 は、国立国語研究所が 1956 年発
行の雑誌 90 種を対象に行った語彙調査（以下、雑誌九十種調査）で得られた異
なり約 3 万語、延べ約 41 万語（人名・地名などを除く自立語）の語種構成比を
示す有名なグラフ（国立国語研究所、1964）である。これを見ると、図 4.2 と
同様、異なり語数では漢語が和語を上回るものの、延べ語数では和語が漢語を

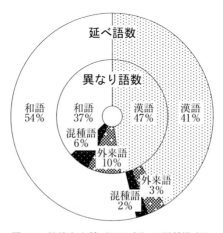

図 4.4　雑誌九十種（1956 年）の語種構成比

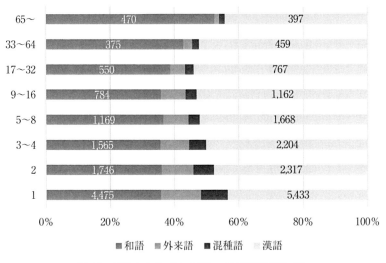

図 4.5　雑誌九十種（1956 年）の度数別語種構成比

逆転して過半数を占めており、和語にはよく使われる基本的な語の多いことが分かる。このことは、同じデータについて使用度数別に語種構成比を求めた図4.5 で、最もよく使われる語の階級で和語が漢語を上回っていることからも分かる。

　そこで、この雑誌九十種調査の語彙表で、和語の使用度数順上位 20 語を見ると、以下のようになる（「れる・られる」は、助動詞ではなく、接尾辞とされている）。

　する　いる　いう　こと　なる　れる・られる　ある　その　もの　この
　それ　お　ない　くる　これ　よい　わたくし　さん　みる　ゆく

　下線を引いた語は、上に示した「猿蟹合戦」の和語上位 32 語の中にもあるものである。上述したように、これらの語は、日本語で書かれたテキストに広く使われる基本的な語である可能性が高い。寿岳（1967）は、このような語を「骨組み語」と呼び、それを「書くにせよ話すにせよ、とにかく日本語というワク内で言語行動をとるかぎり、絶対に必要なことば」であり、「いつの時代でも、またどんなに質の違う資料でも、どうしても使用してしまうことばのグループ」

で、「多くの場合、極めて使用率大という形であらわれる」ものと説明している。延べ語数と異なり語数とで語種構成比が異なる理由は、和語に骨組み語が多く（骨組み語の多くが和語である）、そのために和語の使用率が大きくなることによるものと考えられる。

　一方、寿岳（1967）は、上で□で囲んだ語のように、高頻度語に現れるその作品特有の語群については、「その言語資料の内容によって動いてゆく語」であり、「その言語資料が何についての物語であるか、何を主たる素材としているか、あるいは作者のどのようなものの見方によって作られた資料であるか」ということによってその出現・使用が規定されるものとし、「テーマ語」と呼んでいる。「猿蟹合戦」のテーマ語にはたまたま和語が多かったが、テーマ語が作品の主題・内容に規定されるのであれば、それが和語に限られる理由はないことになる。なお、田中章夫（1983）は、寿岳のいう「骨組語」を「無性格語」と呼び、また、特に短編小説における「テーマ語」を「主題語」と「特徴語」に分けて捉えている。

例題 2　同じく芥川龍之介の短編「蜜柑」「蜘蛛の糸」について、「猿蟹合戦」と同様に語彙調査を行い、これら3作品の語種構成比を比べてみよう。

■ データ作成の手順

　「蜜柑」「蜘蛛の糸」とも、「猿蟹合戦」と同様、青空文庫から本文をダウンロードし、ルビや注を削除した上で「Web 茶まめ」の形態素解析にかけ、解析結果を目視で修正した後、Excel 上で語彙表を作成して、語種構成比を求める。ここまでの手順は、**例題1**と同じである。

　3作品の語種構成は、作成した表やドーナツグラフで比較することができるが、個別の語のレベルでより具体的に比較するためには、三つの語彙表を統合して、3作品に共通して使われる語群や1作品にのみ使われる語群などを検索したり絞り込んだりすることが有効である。Excel で複数の表を一つにまとめるには、ピボットテーブルを使う方法と、統合機能を使う方法とがあるが、ここでは前者の方法を使う。その手順は、以下のとおり。

① 3作品の語彙表をそれぞれ作成する。E列に1行挿入する。列名は「語彙素読み_語彙素_大分類_語種」とする。E列の2行目（列名の次の行）に、次の関数を入力し、3行目以降にコピーする。

　　　　　入力する関数：=CONCATENATE(A2,",",B2,",",C2,",",D2)

「語彙素読み_語彙素_大分類_語種」列全体をコピーし、セル[I1]を右クリックする。表示されたメニューの「貼り付けのオプション」から「値」を選択する。

② ピボットテーブルウィザードを使って、3作品の語彙表を統合する。 web

■ 考　察

　3作品の語彙表から、それぞれの語種構成を集計すると表4.2のようになり、それらをドーナツグラフにして語種構成比を求めると図4.6のようになる。もちろん、記号類、助詞・助動詞、固有名は除いて集計している。これらを見ると、同じ芥川の短編でも、その語種構成には比較的大きな違いがあることが分かる。和語と漢語との関係に注目すれば、異なり語数・延べ語数を問わず、「猿蟹合戦」で漢語の比率が最も大きく、「蜘蛛の糸」で最も小さい。外来語・混種語については、前者が「蜜柑」、後者が「蜘蛛の糸」で多く用いられる傾向があるが、全体の語数が少ないために明確な差は見いだせない。

　次に、3作品の語彙表を統合した語彙表（以下、統合語彙表）を見る。まず、Excelのフィルタ機能を使って3作品全てに使われている語を絞り込むと、48語が得られる。表4.3は、このうちの度数9以上の22語を示したものである。これら、3作品に共通する語には、使用度数の大きい語（高頻度語）が多く、し

表4.2 3作品の語種構成

語　　種	「猿蟹合戦」		「蜜柑」		「蜘蛛の糸」	
	異なり語数	延べ語数	異なり語数	延べ語数	異なり語数	延べ語数
和語	185	464	382	781	304	686
漢語	190	255	142	210	56	116
外来語	5	5	7	18	0	0
混種語	11	13	17	25	8	37
計	391	737	548	1,034	368	839

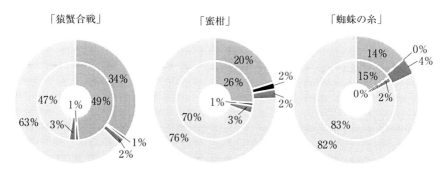

図 **4.6** 3 作品の語種構成比
内側：異なり語数、外側：延べ語数。

表 **4.3** 3 作品の共通語彙（総度数 9 以上）

語彙素読み	語彙素	大分類	語種	猿蟹合戦	蜜柑	蜘蛛の糸	計
スル	為る	動詞	和	21	33	12	66
イル	居る	動詞	和	14	30	12	56
アル	有る	動詞	和	29	15	11	55
ソノ	其の	連体詞	和	10	15	15	40
イウ	言う	動詞	和	19	8	10	37
ナイ	無い	形容詞	和	4	13	13	30
ヨウ	様	形状詞	漢	4	12	13	29
コノ	此の	連体詞	和	5	13	11	29
コト	事	名詞	和	8	5	15	28
ナル	成る	動詞	和	7	7	13	27
ソレ	其れ	代名詞	和	11	10	5	26
ナカ	中	名詞	和	5	9	4	18
ウエ	上	名詞	和	2	5	9	16
ミル	見る	動詞	和	1	4	8	13
ナニ	何	代名詞	和	3	5	5	13
ソウ	そう	副詞	和	1	8	4	13
オモウ	思う	動詞	和	2	7	3	12
コレ	此れ	代名詞	和	2	4	4	10
タダ	唯	副詞	和	3	1	5	9
イチ	一	名詞	漢	3	2	4	9
モノ	物	名詞	和	4	1	4	9
シカシ	然し	接続詞	和	4	3	2	9

かも、その大部分が和語である。さらに、それらの和語の多くが**例題 1** で述べた骨組み語であることが分かる。こうした骨組み語は、3 作品の語彙の共通の土台として働き、それぞれの語種構成比において和語が一定の割合を占めることにつながっていると考えられる。

　一方、同じく Excel のフィルタ機能を使って、それぞれの作品でのみ使われている語を絞り込み、その度数上位の語を示すと、以下のようになる（漢語には＿＿線、外来語・混種語には～～線を施した）。

○　「猿蟹合戦」のみ（度数 3 以上の 29 語）

　　蟹　猿　某　土　握り飯　知る　そう-伝聞　為　弁護　諦める　臼　柿　仇討ち　死刑　給う　卵　蜂　話す　因る　青柿　運命　御伽話　事実　私憤　新聞　代議　天下　読者　投げ付ける

○　「蜜柑」のみ（度数 3 以上の 30 語）

　　私　小娘　汽車　窓　トンネル　戸　等　踏切　夕刊　心持ち　前　外　電灯　赤い　彼の　息　ガラス　枯れ草　記事　霜焼け　席　だらけ　包み　光　輝　頬　暮色　町外れ　蜜柑　忘れる

○　「蜘蛛の糸」のみ（度数 3 以上の 28 語）

　　御座る　御　糸　蜘蛛　地獄　極楽　上る　居る　様　仕舞う　血の池　罪人　針　光る　致す　男　蓮　蓮池　細い　内　大　恐ろしい　此処　玉　丁度　泥棒　縁　真ん中

　これらは、各作品のテーマ語（の一部）と考えられる。この範囲の語を見るだけでも、「猿蟹合戦」には漢語が多く、「蜘蛛の糸」には少ないこと、「蜜柑」は両者の間にあり、外来語もあるということが分かる。それぞれの作品は、骨組み語を共通の土台としながら、その上にこうした独自のテーマ語を重ね、さらに低頻度の語も加えながら、それぞれの語彙を組み立てており、その結果がそれぞれの語種構成比に現れているものと考えられる。

▌解　説

　テキストの語種構成は、その主題や内容によって変わってくるが、それは、和語・漢語・外来語がどのような意味を表す単語に多いか少ないかという、意

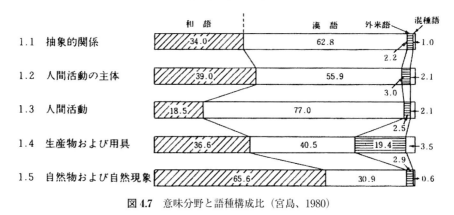

図 **4.7**　意味分野と語種構成比（宮島、1980）

味分野上の分布が異なるからである。図 4.7 は、雑誌九十種調査で上位に現れた約 7,000 語の名詞について、国立国語研究所『分類語彙表』（初版）の意味分野（大項目）に分け、使用率（延べ）による語種構成比を見たものである（宮島、1980）。

　「人間活動」「抽象的関係」「人間活動の主体」の三つの意味分野では漢語が最も多く、逆に、「自然物および自然現象」では和語が最も多いこと、「生産物および用具」では漢語と和語はほぼ互角で、外来語も 2 割程度を占めていることが分かる。こうした違いが生ずるのは、本来の日本語である和語、古く中国語から借用し、長い歴史の中で日本語に定着した漢語、近世以降に主に欧米系の言語から借用し、和語・漢語に比べれば歴史が浅い外来語という、それぞれの歴史的な違いがあるからである。

　語種構成は、上に見たように個別のテキストについて求めることもできるが、ジャンルのようなより大きなテキスト分類についても求めることができる。図 4.8 は、先に紹介した雑誌九十種調査で、調査結果から求められた層別（雑誌の種類別）の語種構成比の数値（国立国語研究所、1964）をグラフ化したものである。あくまで相対的にではあるが、「実用・通俗科学」の雑誌は漢語が多く、「娯楽・趣味」「生活・婦人」は和語が多い。「庶民」「評論・芸文」は両者の間にある。また、外来語・混種語は「生活・婦人」の雑誌が最も多い。このようなジャンル間の語種構成の違いも、それぞれのジャンルで扱われることの多い

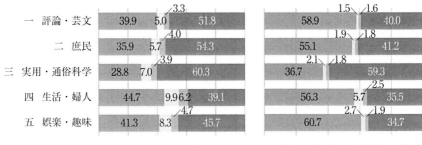

図 4.8　雑誌の種類と語種構成比
左：異なり語数、右：延べ語数。

主題や内容の違いを総合的に反映したものと考えられる。

> **例題 3**　BCCWJ を使って、語種の異なる類義語「決まり」と「規則」を検索し、その使用状況や意味・用法の違いなどを調べてみよう。

■ データ作成の手順

BCCWJ のオンライン検索ツールには、コンコーダンサ（検索語を KWIC 形式で出力する）としての「中納言」や「少納言」があるが、ここでは検索語の共起語や共起パターンを表示する「NINJAL-LWP for BCCWJ」（以下、NLB）を使って調べる。

① 「検索ウィンドウ」右上の「2 語比較検索」ボタンをクリックする。
② 「絞り込み入力ボックス」に「決まり　規則」と入力して「絞り込み」ボタンをクリックする。「見出し語リスト」に「決まり」と「規則」が表示される。この 2 語にチェックを入れて、「2 語比較」ボタンをクリックする。
③ 「比較ウィンドウ」に二つの語それぞれの共起語・共起パターンの集計結果などが、左右に対照できる形で表示される。両語の使用上のパターンなどを比較する。（web）

■ 考　察

　「決まり」と「規則」の「2 語比較検索」の結果を見ながら、両語の使用状況
や意味・用法の違いを調べてみよう。

　まず頻度を比較すると、「規則」が 3,476、「決まり」が 719 である。BCCWJ
がデータとしているような書き言葉では、漢語「規則」の方が和語「決まり」
の 5 倍近く用いられていることが分かる。

　次に、BCCWJ の各レジスターにおける 2 語の使用状況を見る（図 4.9）。図
4.9 において棒グラフで示されているのは 100 万語当たりの頻度である。「規則」
の頻度が「決まり」の 5 倍近くあることを念頭に置いて 100 万語当たりの頻度
で比較すると、「規則」がより多く用いられているのは特定目的・法律、同・白
書、同・国会会議録といった公的なテキストや談話であり、「決まり」がより多
く用いられているのは特定目的・教科書、同・知恵袋、同・ブログなど日常的

	規則		決まり	
出版サブコーパス				
書籍	1586	54.07	219	7.47
雑誌	47	10.16	22	4.76
図書館サブコーパス				
書籍	1040	33.02	217	6.89
特定目的サブコーパス				
ベストセラー	58	14.04	33	7.99
知恵袋	139	12.27	117	10.33
法律	88	93.8	0	0

図 4.9　レジスターでの使用状況

パターン	頻度 ⇧	パターン	頻度
◎ 規則を…	377	決まりを…	87
◎ 規則に…	299	決まりに…	62
◎ 規則で…	188	決まりで…	8
◎ 規則が…	174	決まりが…	93
◎ 規則は…	63	決まりは…	34
◎ 規則の…	23		
◎ 規則も…	21	決まりも…	9
◎ 規則と…	18	決まりと…	6
◎ 規則から…	9	決まりから…	1
◎ 規則まで…	2		
◎ 規則より…	1	決まりより…	1

図 4.10　後続する助詞＋動詞のパターン

コロケーション	頻度 ⇧	MI	LD
規則で定める	97	12.07	7.9
規則でいる	17	11.4	7.18
規則でする	4	21.15	9.44
規則で義務付ける	4	10.92	6.56
規則で設ける	4	8.77	4.58
規則で決める	4	7.46	3.29
規則で禁止する	3	9.98	5.68
規則で決まる	3	7.61	3.43

図 4.11　規則＋で＋動詞

　なテキストであることが分かる。教科書は公的なテキストだが、高校はともか
くとして、小学校・中学校の教科書には日常語的な文体の色彩が強いものと考
えられる。

　次に、「規則」と「決まり」の共起パターンの違いを見る。「「規則／決まり」
＋助詞＋動詞」の共起パターンを見ると、「規則」は「〜を」が多く、「決まり」
は「〜が」が多いことが分かる（図 4.10）。

　「規則で」に後続する動詞を調べると、「規則で〜」の用例数の半数以上が「規
則で定める」というコロケーションに集中していることが分かる（図 4.11）。「定

パターン	頻度 ▼	パターン	頻度
◎ 名詞＋規則	1367	名詞＋決まり	6
◎ 規則＋名詞・接尾	429	決まり＋名詞・接尾	62
◎ 規則＋名詞	315	決まり＋名詞	43
◎ 規則＋の＋名詞	292	決まり＋の＋名詞	37
◎ 名詞＋の＋規則	232	名詞＋の＋決まり	94
◎ 並立	195	並立	16
◎ 規則的(な)＋名詞	81		
◎ 名詞＋的(な)＋規則	25	名詞＋的(な)＋決まり	7

図 4.12　他の名詞との共起パターン

める」という文章語的な動詞と共起することも、「規則」が公的なテキストに多いということと整合している（「規則で決める」という例は非常に少ない）。一方、「決まり」は「～が」が多く、中でも「決まりがある」が非常に多い。

　次に、「規則」「決まり」と他の名詞との共起について見てみよう（図 4.12）。この共起パターンを見ると、複合語が混在しているが、「名詞＋～」「～＋名詞」のような複合語は「規則」には多いのに、「決まり」には非常に少ない。例えば、「決まり＋名詞」のほとんどは「決まり事」「決まり手」「決まり文句」のような慣用的なものが多い。ここには、漢語と和語との造語力の違いが如実に表れている。

　一方、「名詞＋の＋～」という句のパターンを見ると、「名詞＋の＋規則」は異なりで 137、「名詞＋の＋決まり」は同じく 57 である。両語に共通のコロケーションやそれぞれの語に特有のコロケーションを見ると、まず両語に共通のコロケーションは 9 種しかない。このパターンで「規則」と「決まり」との間には重なりがあまりないように見えるが、「規則」のコロケーションではほとんどが「決まり」と言い換えられるのに対し、「決まり」のコロケーションには「規則」と言い換えにくいものがある。

　図 4.13 を見ると、頻度上位にある「割り算の決まり」や「振り子の決まり」は「規則」というより「法則」であろうし、「村の決まり」「土地の決まり」などは「しきたり」や「慣習」であって、「規則」といいにくい。

　要するに、この「名詞＋の＋～」という句を比較すると、「決まり」の方が

コロケーション	頻度 ⌄	MI	LD	LD 差
割り算の決まり	8	15.91	10.06	-10.06
学校の決まり	7	8.31	3.16	0.18
一定の決まり	4	9.45	4.28	1.43
計算の決まり	4	9.34	4.18	-4.18
社会の決まり	3	6.31	1.16	-0.01
振り子の決まり	3	13.47	7.94	-7.94
一つの決まり	2	5.62	0.47	0.58
時間の決まり	2	5.18	0.03	-0.03
暗黙の決まり	2	12.36	6.94	-6.94
当時の決まり	1	6.14	0.99	1.57

図 4.13　「名詞 + の + 決まり」のコロケーション

「規則」より意味の範囲が広い上位語ではないかという見通しが得られる。

▌解　説

　語種構成の違いは、テキストやジャンルの主題や内容の違いによるだけでなく、その文体の違いによってももたらされる。それは、語種、特に和語と漢語とが、語の一般的な性質として、異なる文体的な特徴を持っているからである。一般に、漢語はかつて長く正式・公式の文章であった漢文で使われてきたために書きことば（文章語）的であり、和語は日本固有の本来語として広く使われてきたために話しことば（日常語）的であるという特徴を持っている。したがって、漢語を多用すればその文章は書きことば的な文体を持つことになり、和語を多用すれば話しことば的な文体を持つことになる。

　図 4.14 は、国立国語研究所が 1979 年に行った日本語教育関係の研究者（7 人）とその話し相手の発話、延べ 42 時間分の調査で、得られた異なり約 5,300 語、延べ約 66,000 語の語種構成比を示すグラフである（野元ほか、1980）。これを図 4.4 の雑誌の語種構成比と比べると、異なり・延べのいずれでも、漢語に対する和語の使用率が大きく、特に延べではその差が著しい。書きことばでは漢語が、話しことばでは和語が多用されることを示す結果となっている。

　また、語種による文体的な特徴の違いは、語義の違いとも関係している。漢

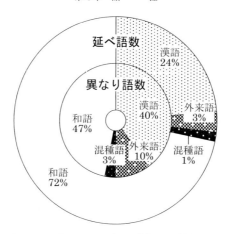

図 4.14　話しことば（1979 年）の語種構成比

語は書きことば的であるだけでなく、同じ意味内容を表す和語と比べた場合、大規模・公的・抽象的といった意味特徴を持つことが多い（国立国語研究所、1972）。表 4.4 は動詞の例であるが、**例題 3** で取り上げた「決まり」と「規則」にも同様の違いが感じられる。

　なお、同じ借用語でも、外来語には、漢語と違って書きことば的という文体的な特徴はなく、大規模・公的・抽象的というような意味特徴も備わっていない。ただ、外来語は「しゃれた」「モダンな」「明るい」「かっこいい」などのニュアンスを伴う場合が多く、こうした意味や語感の特徴は、外来語を多用する文章に同様の雰囲気を与えることになる。

　語種は、語彙体系における抽象のレベル、つまり、階層的な上位下位関係（包摂関係）における位置とも関係している。図 4.15 は、日常語の具体名詞のまとまりをその抽象のレベルによって体系付けたもので、類概念を表す「第一次名」を基準として、抽象レベルのより低い下位の層に「第二次名」「第三次名」……、より高い上位の層に何段階かの「抽象名」があるという階層的な体系が示されている（森岡、1977）。

　この、名詞の抽象度による上位下位関係の体系の中で、各階層の語は、意味の範囲だけでなく、語種と語構成とにも対応している。体系の中心にあって類概念を表す一次名の語は基本的に和語の単純語であり、この一次名から分化し

表 4.4　日常語の動詞と文章語の動詞

（日常語）／（文章語）	（日常語）／（文章語）	（日常語）／（文章語）
Ⅰ．大規模なことがら 　たてる／建築する・造営する 　ながれでる／流出する 　はこぶ／運搬する・運送する 　つむ・つみこむ／積載する 　ふるえる／震動する 　おちる／落下する 　とりかかる／着手する 　はじめる／開始する 　おわる／終了する 　はかどる／進捗する 　ひっこす／転居する・移転する 　まける／敗れる 　かくす／隠匿する 　ぶんどる／鹵獲する 　うめく／呻吟する 　ののしる／罵倒する 　みつめる／凝視する・熟視する 　おどろく・びっくりする／驚嘆する・驚愕する・仰天する 　こまる・閉口する／困惑する・困却する 　くるしむ／苦悶する・苦悩する・懊悩する 　にくむ／憎悪する 〈小規模〉　〈大規模〉	Ⅱ．公的なことがら 　かけあう／交渉する 　はなしあう／談合する 　あう／会見する 　こたえる／返答する・回答する 　あやまる・わびる／謝罪する・陳謝する 　うけとる／受領する 　くばる／配布する・分配する 　ひきつれる／引率する 　みまわる／巡視する 　たちあがる／起立する 　けずる／削減する 　しめる／閉鎖する 〈私的〉　〈公的〉	Ⅲ．抽象的なことがら 　しぼりとる／搾取する 　つまづく／蹉跌する 　もつれる／紛糾する 　うなづく／首肯する 　おちこむ／おちいる 　よごす・よごれる／けがす・けがれる 　ゆがめる・ゆがむ／歪曲する 　なげすてる・ほうり出す／放棄する・なげうつ 　くみたてる／構成する 　かばう／庇護する 　くう・たべる／食する 　うめく／呻吟する 　にらみつける／睥睨する 〈具体的〉　〈抽象的〉 Ⅳ．よいことがら 　におう／かおる 　育てる／はぐくむ 　でくわす／めぐりあう 　古ぼける／古びる 〈よい評価〉

た種概念を表す二次名は「種差＋類概念」という構造を持つ和語・漢語の合成語（複合語）である。そして、さらに抽象度の低い三次名以下の語になってようやく外来語も用いられ、逆に、抽象度の高い抽象名はほとんどが漢語によって占められているのである。ただ、このような関係性はモノを中心とする具体名詞に見られるもので、「決まり」「規則」などの抽象名詞の場合にはもう少し複雑であり、和語が漢語の上位語である場合も少なくない。

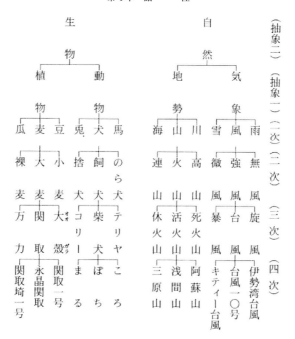

図 4.15　名（名詞）の体系（森岡、1977 より）

演習　和語の「決まり」、漢語の「規則」に加えて、外来語の「ルール」についても、その使用状況や意味・用法を NLB で調べ、これら 3 語の類義語がなぜ並存するのかについて考えてみよう。

発展　近現代語の通時的なコーパス、あるいは、通時的に利用できるコーパスなどを使って、「決まり」「規則」「ルール」の 3 語の使用状況、意味・用法がどのように変化してきたか、調べてみよう。

参 考 文 献

国立国語研究所(1964)『国立国語研究所報告 25　現代雑誌九十種の用語用字　第 3 分冊：分析』、秀英出版

国立国語研究所（1972）『動詞の意味・用法の記述的研究』、秀英出版

寿岳章子（1967）「源氏物語基礎語彙の構成」、『計量国語学』41、18-32

田中章夫（1983）「抄録のための言語処理」、水谷静夫（編）『朝倉日本語新講座 6　運
　　用 II・人文系研究のための言語データ処理入門』、朝倉書店、1-41

野元菊雄・水谷修・沢木幹栄・石井久雄・志部昭平・真田信治・日向茂男・杉戸清樹・
　　田中望（1980）『日本人の知識階層における話しことばの実態：調査の概要と分
　　析』、国立国語研究所日本語教育センター

宮島達夫（1980）「意味分野と語種」、『国立国語研究所報告 65　研究報告集 2』、秀英
　　出版、1-16

森岡健二（1977）「命名論」、『岩波講座日本語 2　言語生活』、岩波書店、203-248

第5章
和語・漢語の表記

小椋秀樹・柏野和佳子

導
入 BCCWJ で「言葉」（和語）と「言語」（漢語）を検索し、それぞれの語に何種類の表記があるか調べよう。

　「中納言」の「短単位検索」で、検索対象をコアデータに設定した上で、「「語彙素」が「言葉」」「「語彙素」が「言語」」と指定して、検索してみよう。検索結果を基に「言葉」の表記（書字形）を集計した結果が表 5.1 で、同様に「言語」の表記を集計した結果が表 5.2 である。

　表 5.1 から、BCCWJ のコアデータには、漢字表記「言葉」のほかに平仮名表記「ことば」、片仮名表記「コトバ」があり、3種類の表記が用いられていることが分かる。3種類の表記のうち最も多く用いられているのは、漢字表記「言葉」で、和語「言葉」（頻度 302）の 97.4％を占める。和語「言葉」の表記にはゆれが見られるものの、漢字表記「言葉」でほぼ固定している。

　片仮名は一般に外来語やオノマトペ、動植物名の表記に用いられるが、今回の調査から分かるように、和語の表記にも用いられることもある。片仮名表記「コトバ」は 3 例とも特定目的・ブログで用いられている。平仮名表記「こと

表 5.1 「言葉」の表記

表記（書字形）	頻　度
言葉	294
ことば	5
コトバ	3

表 5.2 「言語」の表記

表記（書字形）	頻　度
言語	27

ば」は、1例が「時のことば」という新聞の欄名で用いられたもので、それ以外は全て書籍での使用例である。平仮名表記・片仮名表記は、書き手の自由度が高いと想定されるレジスターで用いられているといってよいであろう。

　一方、漢語「言語」については、表5.2から分かるように漢字表記しか用いられていない。今回の調査からは、漢語は和語に比べて表記のゆれの少ない語種と推測される。

**例題
1**　　動詞《カカワル（関）》には、どのような表記のゆれが見られるのか調べてみよう。またレジスターによって、表記のゆれに違いがあるのか調べてみよう。

■ **データ作成の手順**

　BCCWJ を「中納言」で利用する。

① 「中納言」の画面の「短単位検索」で検索条件を「「語彙素」が「関わる」」と指定し、検索結果をダウンロードする。

② ダウンロードした検索結果（Excel ファイル）を開く。ピボットテーブルを用いて、表記頻度表を作成する。 web

■ **考　察**

　例題 1 で作成したピボットテーブルは、表5.3 のとおりである。

　BCCWJ では、「関われる」のような可能動詞形を、語彙素「関わる」（可能動詞の元の動詞）の異語形として登録している。そのため、表5.3 には可能動詞形の表記も挙げられている。可能動詞形の表記も含めると、動詞《カカワル（関）》には 14 種類の表記があることが分かる。

　BCCWJ における「関わる」の頻度は 14,450 である。平仮名表記「かかわる」はそのうちの 70.0％を占め、これに次ぐ漢字表記「関わる」は 24.2％を占める。動詞「関わる」は、14 種類という多種多様な表記が用いられているものの、平仮名表記「かかわる」と漢字表記「関わる」の 2 種類で全体の 94.2％を占めて

表5.3　《カカワル（関）》の表記

行ラベル	データの個数 / キー
かかわる	10117
関わる	3492
拘る	307
係わる	268
拘わる	129
関る	74
かかわれる	20
關る	17
関われる	16
かかはる	3
係われる	3
抱る	2
かゝわる	1
拘われる	1
総計	**14450**

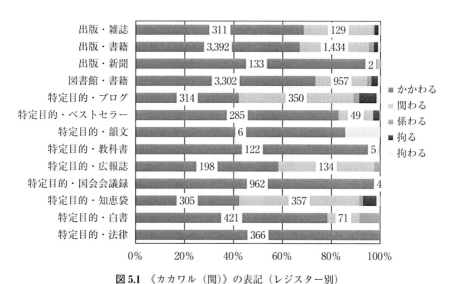

図5.1　《カカワル（関）》の表記（レジスター別）

おり、この二つの表記にかなり偏っていることが分かる。

　頻度100以上の表記を対象に、レジスター別に集計し直したのが、図5.1である。図5.1では平仮名表記「かかわる」と漢字表記「関わる」のみ頻度を示した。

　図5.1を見ると、ほとんどのレジスターで平仮名表記「かかわる」の割合が最も高いが、特定目的・ブログと同・知恵袋の二つは、漢字表記「関わる」が平仮名表記を上回っている。一方、特定目的・法律では平仮名表記「かかわる」しか用いられておらず、出版・新聞、特定目的・教科書、同・国会会議録では9割以上を平仮名表記「かかわる」が占めている。

　平仮名表記「かかわる」の割合は、特定目的・法律の100％から同・ブログ、同・知恵袋の40％強まで、かなりの幅がある。用いられている表記の種類についても1種類から5種類まで幅がある。動詞「関わる」の表記は、レジスター別に見ると、非常に多様な姿を示している。表5.3は、あくまでこの多様な様相をならしたものであることに注意する必要がある。

　本章と第6章とでは、表記の問題を扱う。以下、これら二つの章では、語を示す際には二重山括弧を付けて片仮名で《カカワル》のように表記し、語の表記を示す際にはかぎ括弧を付けて「関わる」のように表記する。なお、語を示す際に、語を特定しやすくするため、《キク（聞）》のように、括弧書きで漢字を併記することがある。

▌解　説

　1.　表記のゆれの類型　　第1章で述べたとおり、日本語は、漢字、平仮名、片仮名、ローマ字と複数の文字種を用いる言語である上に、正書法を持たない言語である。そのため、一つの語を表すのに複数の表記が用いられることが生じ、結果として表記のゆれという現象が見られることになる。

　導入で調べた《コトバ》については、漢字表記、平仮名表記、片仮名表記という文字種の違いによる表記のゆれが見られた。**例題1**で調べた《カカワル》では漢字表記、平仮名表記という文字種の違いによる表記のゆれのほか、「拘る」「拘わる」のような送り仮名の違いによるゆれも見られた。

　1966年発行の朝日新聞・毎日新聞・読売新聞3紙を対象として表記のゆれを調査した国立国語研究所（1983：26）では、表記のゆれの類型について、

　（1）　・同一文字体系間での対立によるゆれ

　　　・ことなる文字体系間の対立によるゆれ

　　　・文字と記号との対立によるゆれ

という 3 分類を基礎とし、調査結果を踏まえて更に細かく分類している。

　本章のテーマである和語・漢語の表記と主に関わるのは「同一文字体系間での対立によるゆれ」「ことなる文字体系間の対立によるゆれ」の二つであるが、それぞれ以下に示すように細分類されている。なお分類の名称は、国立国語研究所（1983）から適宜改めた。括弧内の語例は、国立国語研究所（1983）に掲出されている語例の一部である。

　(2)　【同一文字体系間での対立によるゆれ】

　　　（ⅰ）異なる漢字の対立（生長－成長、夏季－夏期、大幅－大巾）

　　　（ⅱ）送り仮名の対立（行った－行なった）

　　　（ⅲ）仮名遣いの対立・外来語表記の対立・ローマ字表記の対立

　　　　　　（こんにちは－こんにちわ、ドライブ－ドライヴ）

　　　【ことなる文字体系間の対立によるゆれ】

　　　（ⅰ）漢字と平仮名の対立（明日－あす、投げ出す－投げだす）

　　　（ⅱ）漢字と片仮名の対立（硫黄－イオウ、桜－サクラ、駄目－ダメ）

　　　（ⅲ）平仮名と片仮名の対立（うさぎ－ウサギ、みそ－ミソ）

　　　（ⅳ）片仮名とローマ字の対立（キログラム－kg、エックス線－X 線）

　　　（ⅴ）漢数字とアラビア数字の対立（百メートル－100 メートル）

　この類型によって《コトバ》《カカワル》の表記のゆれを分類すると、以下のとおりとなる。

　(3)　《コトバ》のゆれの類型

　　　【ことなる文字体系間の対立によるゆれ】

　　　・漢字と平仮名の対立（言葉－ことば）

　　　・漢字と片仮名の対立（言葉－コトバ）

　　　・平仮名と片仮名の対立（ことば－コトバ）

　(4)　《カカワル》のゆれの類型

　　　【同一文字体系間での対立によるゆれ】

　・異なる漢字の対立（関わる－係わる－拘わる）

　・送り仮名の対立（関る－関わる、拘る－拘わる）

【ことなる文字体系間の対立によるゆれ】

　・漢字と平仮名の対立（かかわる－関わる・係わる・拘わる）

　いずれも複数の類型に分類されるが、《カカワル》は基礎となる3分類の二つにまたがっており、また表5.3に示したように14種類もの表記が用いられている。《カカワル》は表記のゆれの大きい語といえよう。

　《カカワル》の表記のゆれが大きい要因として、《カカワル》が「常用漢字表」に掲げられていない訓、つまり表外訓であったことが挙げられる。一般の社会生活における現代日本語を書き表す場合の漢字使用の目安として「常用漢字表」がある。現行の「常用漢字表」は、2,136字から成る漢字表で、表5.4に示したように漢字を掲出した上で、その漢字で用いる音・訓を示し、語例を挙げている。

　この「常用漢字表」に掲げられていない漢字を表外漢字といい、「常用漢字表」に漢字が掲げられていても、その漢字の音・訓として示されていない音・

表5.4　常用漢字表

漢　　字	音　訓	例	備　　　考
亜（亞）	ア	亜流，亜麻，亜熱帯	
哀	アイ あわれ あわれむ	哀愁，哀願，悲哀 哀れ，哀れな話，哀れがる 哀れむ，哀れみ	
挨	アイ	挨拶	
愛	アイ	愛情，愛読，恋愛	愛媛（えひめ）県
曖	アイ	曖昧	
悪（惡）	アク オ わるい	悪事，悪意，醜悪 悪寒，好悪，憎悪 悪い，悪さ，悪者	

訓のことを「表外音」「表外訓」という。《カカワル》についていえば、2010 年に改定された現在の「常用漢字表」では、「関」の訓として示されている。しかし改定前の「常用漢字表」（1986）では、「関」「係」「拘」は常用漢字表に掲げられているが、いずれの漢字にも「かかわる」という訓は示されていなかった。

　したがって、改定前の「常用漢字表」に従って書き表そうとすると、「かかわる」と平仮名表記することになる。しかし「常用漢字表」は、「当用漢字表」とは異なり、制限的な性格を持つものではなく、あくまで漢字使用の目安であるため、平仮名表記が強制されるわけではない。歴史的に見ると、平安時代の漢文訓読資料で「拘」に「かかわる」という訓が付されており、近代には《カカワル》の漢字表記に「関」「係」を用いた例が確認できる。

　以上のように、通時的に見ても複数の漢字が《カカワル》の表記に用いられていること、《カカワル》が表外訓であったため、それら複数の漢字のうちどれを選択すべきかという基準や漢字表記した場合の送り仮名に関する基準がなかったことから、ゆれが大きくなっていると考えられる[1]。

　2.　表記と用法　　本節と次節では、《カカワル》の表記のうち、頻度の高い「かかわる」「関わる」を取り上げ、表記と意味・用法、レジスターの関係について見ていく。

　「中納言」でダウンロードした《カカワル》の用例を見ていると、次の (5) 〜 (7) のように《カカワル》が「関係する」という意味で本動詞として使われている例がある。

(5)　教師は、「森と海の生物がかかわっていることはわかったんだけれども」と、生徒の理解を総括して（PB33_00031）

(6)　この場合の言語という語は、「聞くこと」と「話すこと」に関わる言語の意味ではなく、（LBd1_00011）

(7)　体の全体を診て、外来から入院先の紹介・在宅医療まで継続して係わる仕組みです。（OP18_00003）

---

1)　現行の「常用漢字表」で「関」の訓に「かかわる」が追加されことから、送り仮名についても「関わる」のように語幹末尾の「わ」から付けることが基準として示された。

　一方、次の (8) 〜 (10) のように《ニモカカワラズ》というまとまりで使われている例も非常に多く見いだせる。この用法の場合、《カカワル》の表記はほとんど平仮名表記となっている。

(8)　産油大国にもかかわらずイラクの燃料不足はさらに深刻化しており、
　　　　　　　　　　　　　　　　　　　　　　　　　　　　(PN3 c_00025)

(9)　これからは仲介・流通の時代とさえ言えるのにも関わらず、解散することになったのは考えさせられる。(Y01_03035, 7710)

(10)　本来は侵害物品であるにも拘わらず通関させてしまった場合の国家賠償も (LBn5_00058, 106140)

　《ニモカカワラズ》は、助詞《ノニ》に相当する複合辞（助詞相当句）である。前件の事態を受けて、そのような事態のときに予想される事態とは異なる事態が生じたことを表す。

　そこで、《カカワル》の表記を《ニモカカワラズ》とそれ以外の本動詞として用いられた例とに分けて、それぞれの用法での「かかわる」「関わる」の頻度を調査した。その結果は、表 5.5 のとおりである。本動詞の用法には、可能動詞形の「かかわれる」「関われる」も含めて集計している。

　本動詞と複合辞とに分けて表記の使用実態を見ると、表 5.3 や図 5.1 で見た様相とは、また異なる様相が見られる。まず複合辞の表記を見ると、「かかわる」が「関わる」の約 11 倍用いられており、複合辞では平仮名表記が定着しているといえる。《ニモカカワラズ》が機能的な表現であり、構成要素の動詞《カカワル》が本来の意味を失っていることから、平仮名表記が選択されるのであろう。

　一方、本動詞用法では、「かかわる」は約 6 割を占めてはいるものの、平仮名表記と漢字表記とでまさにゆれている状況であることが確認できる。

　また、表 5.5 を見ると、「かかわる」の 50％強は複合辞での使用だということ

表 5.5　《カカワル》の表記と用法

	かかわる	関わる
本動詞	5,062	3,127
複合辞	5,075	455

が分かる。つまり表 5.3 で「かかわる」が《カカワル》全体の約 7 割を占めていたのには、《カカワル》が平仮名表記で定着している複合辞《ニモカカワラズ》が高頻度で用いられていることが影響しているということになる。

　以上のことから、機能的な語である複合辞では「かかわる」が定着していること、本動詞では「かかわる」が優勢であるものの、「関わる」も定着してきていることが明らかとなった。意味・用法の観点を加えて、表記のゆれの実態を観察すると、別の様相が見えてくる。表記の使用実態を把握するためには、語の意味・用法まで見ておかなければならないのである。

　3.　表記とレジスター　　　本節では、表記とレジスターとの関係を見ていく。本動詞《カカワル》の表記に用いられた「かかわる」「関わる」の出現状況をレジスター別にまとめたのが図 5.2 である。図 5.2 では、「かかわる」の割合が高いレジスターから順に配列している。

　図 5.2 を見ると、「かかわる」の割合が 100%、又は 100% に近く、《カカワル》の表記として平仮名表記が定着しているレジスターと、「かかわる」と「関わる」とでゆれているレジスターとに大きく分けることができる。表記がゆれているレジスターの方が多数派となっている。

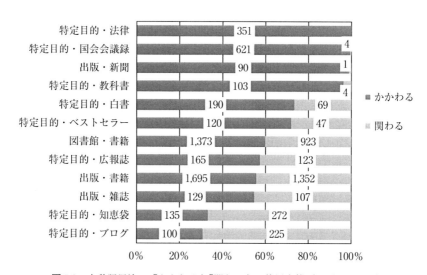

図 5.2　本動詞用法の「かかわる」「関わる」の使用実態（レジスター別）

　平仮名表記が定着しているレジスターは、特定目的・法律、同・国会会議録、同・教科書、出版・新聞の四つである。これらは、「常用漢字表」などの国が定めた表記の基準に基づいて書かれているレジスターである[2]。

　特定目的・白書から同・ブログは、平仮名表記と漢字表記とでゆれているが、ゆれの状況によって大きく三つに分けることができる。一つ目は、特定目的・白書、同・ベストセラーのように「かかわる」が7割程度を占めるもの、二つ目は、図書館・書籍から出版・雑誌のように「かかわる」の割合がやや高いが、ほぼ拮抗している（まさにゆれている）状態にあるもの、三つ目は「関わる」の割合が7割近くとなって、「かかわる」を上回り、定着しつつあるものである。人々が《カカワル》の表記について漢字表記を指向するようになったことの現れともいうことができる。改定前の「常用漢字表」が示す漢字使用の基準と現実の漢字使用との間にずれが生じていたことを示すものである。

　「関わる」が「かかわる」を上回っている特定目的・知恵袋、同・ブログは、PCなどの情報機器を使って個人が直接書き込み、発信するメディアである。ここでの表記の選択に、第三者による校閲が入ることはなく、全く著者個人の自由である。そういう意味では、特定目的・知恵袋、同・ブログにおける表記の実態は、個人の表記の実態を反映したものと見ることができる。

　なお、このグループに特定目的・白書、同・広報誌が入っていることには注意してよい。この二つは、本来なら特定目的・法律などと同様、国が定めた表記の基準に基づいた表記を用いるレジスターである。このような公的な性格を持つレジスターにまで、表外訓による表記「関わる」の使用が広がっているということは、「関わる」が着実に浸透していることを示していると考えられる。

　表記のゆれについて、レジスター別に見ていくことで、ゆれの多様な様相を把握することができる。それぞれのレジスターで異なる様相が見られることには、国が定めた表記の基準に従って書かれたものか、表記の選択が個人の自由に委ねられているか、情報機器を用いて書かれたものかといった、言語外的な要因が背景にあると考えられる。これら言語外的要因も含めたレジスターの特徴を理解しておくことが、表記の研究には非常に重要である。

---

2)　新聞は、漢字使用に関しては、各社共通の基準として、日本新聞協会が常用漢字表を基に定めた新聞漢字表がある。送り仮名などについても、各社とも国の定めた表記の基準によっている。

例　題　2	動詞《キク（聞)》と名詞《フゾク（付属)》には、どのような表記のゆれが見られるのか調べてみよう。またレジスターによって、表記のゆれに違いがあるのか調べてみよう。

■ データ作成の手順

BCCWJ に収録されている出版サブコーパス（書籍、雑誌、新聞）のコアデータを「中納言」で利用する。

① 「中納言」の画面の「検索対象を選択」で、「コア」にチェックを入れ、「短単位検索」で検索条件を「「語彙素」が「聞く」」と指定し、検索結果をダウンロードする。

② ダウンロードした検索結果（Excel ファイル）を開く。ピボットテーブルを用いて、表記頻度表を作成する。 web

同様の方法で、名詞《フゾク（付属)》についても「中納言」で検索条件を指定し、検索結果をダウンロードする。

■ 考　察

例題2で作成した《キク（聞)》のピボットテーブルは、表5.6のとおりである。

例題1と同様、表5.6には可能動詞形の表記も挙げられている。可能動詞形の表記も含めると、《キク（聞)》には7種類の表記があることが分かる。可能

表5.6 《キク（聞)》の表記

行ラベル ↓	データの個数 / キー
聞く	473
聴く	56
訊く	41
きく	28
聞ける	6
聴ける	3
訊ける	1
総計	608

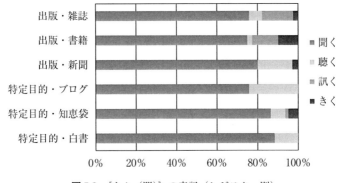

図 **5.3**　《キク（聞）》の表記（レジスター別）

動詞形は元の動詞形にまとめることができるため、基本的には「きく」「聞く」
「聴く」「訊く」の4種類の表記でゆれているということになる。このうち「聞
く」が最も多く、この表記だけが頻度100を超えている。全体の77.8％を占め
ており、《キク（聞）》の表記には偏りが見られるといえる。

　レジスター別に集計し直したのが、図5.3である。表5.6と同様、どのレジス
ターでも「聞く」の割合が最も高く、8割前後を占めている。表5.6では、「聴
く」が第2位となっているが、レジスター別に見ると違いがあり、出版・雑誌、
同・書籍では「訊く」が第2位となっている。また出版・雑誌、同・書籍、特
定目的・知恵袋では、4種類全ての表記が用いられている。これらのレジスタ
ーは、表記に多様性のあるレジスターと考えられる。

　《フゾク（付属）》のピボットテーブル（表5.7）とレジスター別の集計結果
（図5.4）を、次に示す。図5.4では、用例が1例しかなかった出版・書籍と特
定目的・知恵袋を除外している。

　表5.7に示すとおり、《フゾク（付属）》の表記には、「付属」「附属」の2種
類しかない。**導入**で調査した「言語」には表記のゆれが見られなかったことと
併せて考えると、先に指摘したとおり、漢語は表記のゆれの少ない語種と考え
られる。

　図5.4からは、特定目的・白書で「附属」のみ用いられて、「付属」が用いら
れていない。これは他のレジスターと異なる点である。

表 5.7　《フゾク（付属）》の表記

行ラベル ▼	データの個数 / キー
付属	24
附属	6
総計	**30**

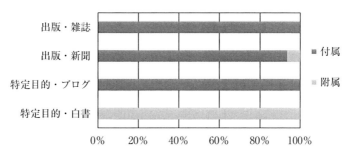

図 5.4　《フゾク（付属）》の表記（レジスター別）

解　説

1.　異字同訓　　**例題 2** で取り上げた「聞く－聴く－訊く」や「収める－修める－納める－治める」「作る－造る－創る」のように、同じ訓を持つ、複数の異なる漢字の組合せがある。これを異字同訓、又は同訓異字という。

　異字同訓については、一つの多義語の中の意味・用法による漢字の使い分けと考える立場と同音異義語（別語）と考える立場とがある。これは、まさに語の幅の問題（第 1 章）であり、どちらの立場が正しいと判断できるような問題ではない。語の長さの問題と同様、唯一の正解は存在しないのである。

　ただ日常生活の中では、意味・用法による漢字の書き分けとして、その文脈に応じて適切に書き分けることが求められる場合も多く、問題となることが多い。そのため、国語辞典には異字同訓をどう書き分けるかについて注記などで示すものがあるし、漢字の使い分け辞典なども数多く刊行されてもいる。

　この異字同訓は、戦後の国語政策の中でかなり整理がなされた。戦後、国語審議会は、社会生活上、教育上の負担軽減を図るため、漢字制限を目的として、1,850 字から成る「当用漢字表」（1946）を内閣告示・同訓令により実施した。「当用漢字表」は、使用する漢字の字種のみを示した表であったため、1948 年

に「当用漢字音訓表」が、1949 年に「当用漢字字体表」が内閣告示、同訓令により実施された。

「当用漢字音訓表」の「まえがき」には、次のように音訓の選定方針などが書かれている（4 項あるうちの三つを挙げる）。

(11) 1　この表は、当用漢字表の各字について、字音と字訓との整理を行い、今後使用する音訓を示したものである。

1　この表の字音は、漢音・呉音・唐音および慣用音の区別にかかわりなく、現代の社会にひろく使われているものの中から採用した。

1　この表の字訓は、やはり現代の社会にひろく行われているものの中から採用したが、異字同訓はつとめて整理した。

この「まえがき」の一つ目に「今後使用する音訓を示したもの」とあることから、「当用漢字表」と同様、制限的な性格を持つことが分かる。異字同訓については、「異字同訓はつとめて整理した」とあるように、音訓の制定の際にできる限り避けようとする方針がうかがわれる。異字同訓は、現代でも漢字使用の際の悩みの種といえるものである。したがって、漢字使用の負担軽減を図るため、漢字制限を使用とする立場からは、「つとめて」整理するのが妥当といえよう。その結果、例えば、「みる」という訓は「見」にのみ示され、「観」「診」「覧」には示されず、それぞれ「カン」「シン」「ラン」という音のみが示されることとなった。このような方針から、**例題 2** で取り上げた《キク（聞）》についても、「きく」という訓は「聞」には示されたが、「聴」には示されなかった。なお、「訊」は「当用漢字表」にも現行の「常用漢字表」にも入っていない（表外漢字）。

しかし戦後の国語改革に対して強い批判が出されるようになり、国は 1966 年から国語改革の見直しに着手することになる。この見直しの中で、「当用漢字音訓表」の改定について国語審議会で審議が行われ、「当用漢字改定音訓表」(1972)が答申された。この答申は、翌 1973 年に「当用漢字音訓表」として内閣告示・同訓令によって実施された。

「当用漢字改定音訓表」（答申）の前文を見ると、「音訓の選定の方針」が書かれている。異字同訓については、次のようにある。

(12) 6.　異字同訓はなるべく避ける。しかし漢字の使い分けのできるもの、
　　　　　及び漢字で書く習慣の強いものは取り上げる。

$$\left.\begin{array}{l}\text{油}\\\text{脂}\end{array}\right\}\text{あぶら}\qquad\left.\begin{array}{l}\text{乾く}\\\text{渇く}\end{array}\right\}\text{かわく}\qquad\left.\begin{array}{l}\text{丸い}\\\text{円い}\end{array}\right\}\text{まるい}$$

　「異字同訓はなるべく避ける」としながらも、漢字での表記に道を開いたということになる。この方針は、次の「常用漢字表」にも引き継がれた。現行の「常用漢字表」では、漢字の新規追加や既存の常用漢字への訓の追加によって、異字同訓は更に増えている。そのため、文化審議会国語分科会は 2014 年に「「異字同訓」の漢字の使い分け例（報告）」（以下、文化審議会国語分科会（2014）とする）をまとめ、異字同訓の使い分けについて大体の方針を示した。

　先に**例題 2** で取り上げた《キク（聞）》について、文化審議会国語分科会（2014）では、次のように使い分けを説明している。

(13)　【聞く】音が耳に入る。受け入れる。問う。嗅ぐ。
　　　　　　　話し声を聞く。物音を聞いた。うわさを聞く。（以下略）
　　　【聴く】身を入れて耳を傾けて聞く。
　　　　　　　音楽を聴く。国民の声を聴く。恩師の最終講義を聴く。

　これを見ると、「聴く」に比べて「聞く」の方が意味領域が広いことが分かる。「聴く」は「身を入れて耳を傾け」るという、いわば傾聴とでもいうべき態度が伴った場合に使うことになる。

　そこで、実際に、文化審議会国語分科会（2014）にも例として挙げられている「音楽ヲキク」という場合に「聴く」がどの程度使われているのかを確認してみる。

　BCCWJ 全体を対象に、「音楽＋ヲ＋キク」というコロケーションを検索した結果を図 5.5 に示す。図 5.5 では可能動詞形を元の動詞にまとめ、10 例以上の用例が得られたレジスターのみ掲げた。また検索結果の中に平仮名表記「きく」が 12 例あったが、「聞く」「聴く」に比べて非常に少なかったため、集計から除外した。

　図 5.5 から、傾向としては「聴く」が最も多く使われていることが分かる。し

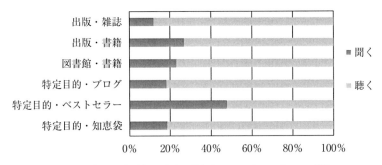

図5.5 《キク（聞)》の表記（「音楽ヲキク」、レジスター別）

かしながら同時に、「音楽ヲキク」という典型例でも、必ずしも「聴」が用いられず、より一般的な「聞」が用いられていることも分かる。

(14)　『ジゼル』の音楽を聴いているだけで涙が出てくるくらいだ。

(PB27_00213)

(15)　僕はベッドの上に横になって、ヘッドフォンでプリンスの音楽を聴く。

(LBt9_00195)

(16)　あなたが、ボンド街で土産ものを買ったり、ロイヤル・アルバート・ホールへ音楽を聞きに行ったり、(PB19_00482)

(17)　特に彼女の孫である光の音楽を聞いていただけたということも知りましたなら、(LBk9_00080)

使い分けはあるが厳密なものではないということが確認できる。

2.　漢語の表記のゆれ　　次に、《フゾク（付属)》について見ていく。コアデータを対象とした検索（**例題2**）では用例数が少なかったので、BCCWJ全体を対象に調査をすると、図5.6のような結果となる。図5.6は、レジスター別に《フゾク（付属)》の表記を示したもので、「付属」の割合が高いレジスターから順に配列している。なお、用例が1しかなかった特定目的・韻文は集計から除外している。

　BCCWJ全体を対象とすると、2,272例用いられていたが、表記としては**例題2**と同様、「付属」「附属」の2種類のみであった。

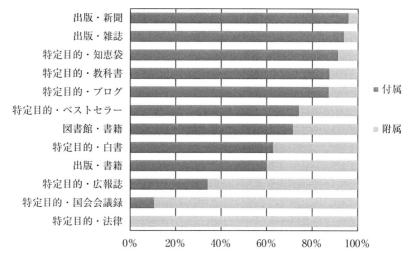

図 5.6 《フゾク（付属）》の表記（レジスター別）

　図 5.6 を見ると、レジスターによって「付属」「附属」の使用状況にかなり違いのあることが分かる。出版・新聞、出版・雑誌、特定目的・知恵袋では、「付属」が 9 割以上を占めているが、それとは反対に、特定目的・法律は全例が「附属」であり、同・国会会議録も「附属」が 9 割程度となっている。

　「付」「附」のいずれも「常用漢字表」には改定前から入っている漢字である。改定前、現行のいずれにおいても「付」の音「フ」の語例として「付与、交付、給付」を、「附」の音「フ」の語例として「附属、寄附」を挙げている。「常用漢字表」の語例に従うならば、《フゾク》は「附属」と表記すべきとなるが、そのように表記しているのは、特定目的・法律、同・国会会議録、同・広報誌といった少数のレジスターであり、それ以外は「付属」が定着している、又はゆれが見られるものの「付属」が優勢となっている。

　特定目的・法律以外のレジスターで「附属」が用いられた例を見ると、次に挙げるように大学などに付属する施設・機関の名称として用いられた例が多い。

（18）　国立病院・国立大学附属病院・都立病院においても診療情報の提供に
　　　　関する指針が定められ、（PB23_00595）

(19)　公式的には千八百七十六年十一月に東京女子師範学校附属幼稚園から
　　　始まります。(PB33_00291)

「付属」「附属」の表記については、文化庁（1995）に簡潔に説明されている。
それを以下に要約して示す。

(20) 1.　戦前には、「つく・つける」の意を含む語には、「附属」「附表」の
　　　　ように「附」を用い、「わたす・あたえる・さずける」などの意を
　　　　含む語には、「交付」「給付」などのように「付」を用いるというよ
　　　　うに使い分けられていた。

　　 2.　「当用漢字表」(1946) では「附」「付」のいずれも採用されたが、公
　　　　用文、社会一般とも特に支障のある場合以外は、「付」を用いるよ
　　　　うになっていた。

　　 3.　「当用漢字補正資料」(1954) において「附」は、当用漢字表から削
　　　　除する 28 字に入れられた。このことにより、新聞などでは一般に
　　　　「付」を用いるようになった。

　　 4.　法令、公用文では、従来の用字法を尊重することが適当と考えられ
　　　　る「附属・寄附・附則・附帯・附置」には「附」を用い、これ以外
　　　　のものには原則として「付」を用いることとした。

　まず、1. から《フゾク（付属）》の本来の表記は「附属」であることが分か
る。しかし戦後の国語改革で「付」が広く使用されるようになり、更に「当用
漢字補正資料」で「附」が削除候補になったことで、一般社会ではより一層
「付」の使用が広がったと考えられる。一方、法令、公用文では「附属」「寄附」
といった一部の用語で「附」を残したため、図 5.6 のようなレジスター差を生
み出すこととなったのである。

　なお、「当用漢字表」に「附」が入ったのは、「日本国憲法」で 1 例用いられ
ているためである（第 37 条第 3 項）。以下にその例を示す。

(21) 3　刑事被告人は、いかなる場合にも、資格を有する弁護人を依頼する
　　　　ことができる。被告人が自らこれを依頼することができないときは、
　　　　国でこれを附する。

　「当用漢字表」は「日本国憲法」で用いられた漢字は、全て採用するという方針を取っている。「附」が「当用漢字表」に入れられた経緯から考えても、当時、「付」を使用する方向に進めようと考えていたことが分かる。

　以上見てきたように、現代日本語における表記には、戦後の国語施策が深く関わっている場合がある。現代日本語の表記について考える場合には、前節で述べた言語外的要因も含めたレジスターの特徴の理解に加えて、戦後の国語施策についての理解も非常に重要である。

3.　和語・漢語表記の動向

　日本では、戦後、社会生活や教育における漢字の負担軽減を図るために漢字制限を行うこととし、「当用漢字表」が実施された。しかし既に述べたように、戦後の国語改革に反対する意見が強くなってくると、戦後の国語改革の見直しに着手し、新しい漢字使用の基準である「常用漢字表」が実施された。これにより、国が定めた漢字使用の基準は、制限的なものから目安へと変化した。更に「常用漢字表」の改定が行われ、現行の「常用漢字表」が実施されるに至った。

　この間、漢字表に掲載された漢字の字数は、「当用漢字表」1,850 字、「常用漢字表」1,945 字（95 字追加）、現行の「常用漢字表」2,136 字（5 字削除、196 字追加）と増加し続けている。現行の「常用漢字表」で大幅に字種が追加されたほか、訓の追加も行われたが、このような漢字の多用化を後押ししたのが、情報機器の急速な普及である。

　今後、異字同訓も含めて漢字の使用がどのように変化していくのか、その動向を観察していくことが重要な課題となる。このような調査研究に対して、BCCWJ のような形態論情報の付与された大規模コーパスが多大な貢献をすることは間違いない。というのは、漢字に関わる国語施策で問題となるのは、漢字の多寡という文字レベルのことではなく、ある語はどのように表記されているのか、どのように表記がゆれているのか、その中で漢字表記はどの程度を占めるのかといった語レベルのことだからである。

　大規模コーパスの構築、公開後、コーパスを活用した語彙研究は盛んに行われているが、語の表記に関する研究はあまり活発とはいえない。しかしながら、今後の国語施策を考えた場合、この分野についても研究を進めていくことが必

要である。このことは、語彙研究、文字研究の発展に寄与するだけでなく、日本語研究の社会貢献につながる重要な研究課題である。

演習1　《ケイタイ（携帯）》で「携帯電話」の意味を表す用例を収集し、表記の使用内訳をレジスター別に調べてみよう。

演習2　異字同訓の使用実態を調べ、文化審議会国語分科会（2014）や国語辞典、表記辞典の記述と比較してみよう。使用実態と文化審議会国語分科会（2014）などの記述にずれが見られる場合は、どのように記述を修正すれば、よりよい異字同訓の使い分けの指針になるか考えてみよう。

発展　レジスター（書籍、新聞、雑誌、広告、Web サイト、SNS など）やテーマ（高頻度語、若者語、二字漢語、オノマトペなど）を設定し、その中で和語や漢語の表記の使用実態やその特徴を調べ、分析してみよう。

参 考 文 献

国立国語研究所（1983）『国立国語研究所報告75　現代表記のゆれ』、国立国語研究所
文化審議会国語分科会（2014）「「異字同訓」の漢字の使い分け例（報告）」
文化庁（1995）『言葉に関する問答集 総集編』、大蔵省印刷局

第6章
外来語の表記

小椋秀樹

導入 BCCWJ で外来語「ウェブ」を検索し、「ウェブ」には何種類の表記があるか調べよう。また、それらの表記の中で最も多く用いられているのはどの表記だろうか。

「中納言」の「短単位検索」で「「語彙素」が「ウェブ」」と指定して、検索してみよう。検索結果を基に「ウェブ」の表記（書字形）を集計した結果が表 6.1 である。表 6.1 は表記の頻度順に配列している。

表 6.1 から、BCCWJ には「ウェブ」の表記が 5 種類用いられていることが分かる。文字種から見ると、「ウェブ」の表記は英字表記と片仮名表記の 2 種類に分けられる。片仮名表記には「エ」を小書きするか否か、促音を表記するか否かの違いがあり、「ウェブ」「ウエブ」「ウェッブ」「ウエッブ」の 4 種類の表記がある。

これらの中で最も多く用いられているのは、英字表記の「Web」（頻度 1,924）である。外来語「ウェブ」は BCCWJ に 2,554 回出現しており、英字表記はそ

表 **6.1** 「ウェブ」の表記

表記（書字形）	頻　度
Web	1,924
ウェブ	561
ウエブ	39
ウェッブ	17
ウエッブ	13

の約75％を占める。片仮名表記の中で最も用いられているのは「ウェブ」（頻度561）で全体の約22％を占める。これら2種類の表記で全体の約97％を占めていることになる。5種類の表記が見られるものの、全ての表記がほぼ同じ程度に用いられているのではなく、一部の表記に偏っていることが分かる。

例題 1　**新聞、雑誌、書籍など現代の書き言葉では、外来語の表記にどのようなゆれが見られるのか調べてみよう。**

■ データ作成の手順

BCCWJ に収録されている出版サブコーパス（書籍、雑誌、新聞）のコアデータを「中納言」で利用する。

① 「中納言」の画面の「検索対象を選択」で、「出版・書籍」「出版・雑誌」「出版・新聞」の「コア」にチェックを入れる。「短単位検索」で検索条件を「「語種」が「外」と指定し、検索結果をダウンロードする。

② ダウンロードした検索結果（Excel ファイル）を開く。「語彙素細分類」列と「語形」列との間に1列挿入する。列名は「語彙素_語彙素細分類」とする。「語彙素_語彙素細分類」列の2行目（列名の次の行）に、次の関数を入力する。3行目以降にコピーする。

　　　　入力する関数：=CONCATENATE(G2,"_",H2)

「語彙素_語彙素細分類」列全体をコピーし、セル [I1] を右クリックする。表示されたメニューの「貼り付けのオプション」から「値」を選択する。

③ ピボットテーブルを用いて、語別の表記頻度表を作成する。[web]

■ 考　察

例題 1 で作成したピボットテーブルは、表6.2 のとおりである。

この表を見ると、《テロ》《センター》《テレビ》のように表記が1種類しかない語のほかに、《パーセント》《メートル》《サービス》のように表記が複数ある語がある。このことから、外来語表記にゆれが見られることが分かる。以下、

表 6.2　外来語表記の一覧（一部）

語彙素_語彙素細分類	書字形	データの個数 / キー
⊟ パーセント_percent	%	1042
パーセント_percent	パーセント	28
⊟ サービス_service	Service	4
サービス_service	サーヴィス	3
サービス_service	サービス	296
⊟ システム_system	System	1
システム_system	システム	256
システム_system	システムズ	3
⊟ センター_center	センター	253
⊟ インターネット_internet	Internet	4
インターネット_internet	インターネット	239
⊟ テレビ_television	テレビ	233
⊟ テロ_terrorism	テロ	220
⊟ ボランティア_volunteer	ボランティア	187
⊟ メートル_metre	m	24
メートル_metre	メータ	1
メートル_metre	メートル	162

　ピボットテーブルを基に、外来語表記にどのようなゆれが見られるのかを概観する。

　まず《パーセント》《メートル》《グラム》など単位を表す語には、片仮名表記のほかに「％」「m」「g」のように記号による表記が見られる。

　《サービス》《タグ》《ボディー》などには片仮名表記のほかに、「Service」「Tag」「Body」といった英字表記がある。また《ページ》《クラブ》《コーヒー》には「頁」「倶楽部」「珈琲」の漢字表記が、《タバコ》《プラザ》には「たばこ」「ぷらざ」の平仮名表記が見られる。これらは文字種の異なる表記の間のゆれである。

　片仮名表記による表記が複数見られる語もある。例えば、《サービス》には「サービス」と「サーヴィス」とが、《ボディー》には「ボディー」と「ボディ」とがある。

　以上をまとめると、まず単位を表す語に記号による表記と片仮名表記とのゆれが見られる。外来語は一般に片仮名で表記されるが、英字表記、漢字表記、平仮名表記された例も見られ、それらの表記と片仮名表記との間でゆれが見られる。これは表記に用いる文字種の違いによるゆれとしてまとめられる。また

片仮名表記の中でも「サービス‐サーヴィス」のようなゆれが見られる。

▌解　説

1．外来語表記のゆれの類型　　日本語は、漢字、平仮名、片仮名、ローマ字と複数の文字種を用いる言語である。そのため表記のゆれが多く見られる。例えば、「見る‐みる」「犬‐イヌ」のような文字種の違いによるゆれのほか、「付属‐附属」のような漢字の違いによるゆれ、「いなずま‐いなづま」のような仮名遣いの違いや「行う‐行なう」のような送り仮名の違いによるゆれが挙げられる。

このような表記のゆれの中でも外来語の表記のゆれは、しばしば問題となる。例えば新聞などの報道機関では、外来語の表記に関する基準をどのように定めるかということが繰り返し議論されている。また、一つの外国語音に複数の表記が対応することがあるため、日本語学習者の悩みの種となっている。それでは現代日本語の書き言葉において、どのようなゆれが、どのくらい見られるのだろうか。本章では、コーパスを使って現代における外来語の表記のゆれの実態について見ていくこととする。

例題 1 では、BCCWJ のコアデータのうち書籍、雑誌、新聞を対象に外来語を抽出し、ピボットテーブルを使ってコーパスに出現した表記を集計した。コアデータに含まれる書籍、雑誌、新聞は、出版サブコーパスを構成するレジスターで、2001～2005 年に発行されたものである。

コアデータは自動形態素解析を行った後、データ全体に対して人手による確認・修正を行ったデータで、解析精度は長単位・短単位とも約 99％以上と高精度である。またコアデータの各レジスターは、元データの正確な縮図となるようにサンプルを決定している。そのため、今回調査した書籍、雑誌、新聞のコアデータはデータ規模こそ出版サブコーパスの約 2％と小さいものの、コアデータを調査することによって外来語表記のゆれの実態について、おおよその傾向を把握することができると考えられる。

以下、**例題 1** で作成したピボットテーブルを基に、どのような外来語表記のゆれがあるのか概観する。既に**考察**で述べたように、ピボットテーブルを見ると、符号による表記や英字表記、漢字表記、平仮名表記があるほか、片仮名表

記の中でもゆれが生じていることが分かる。これらの外来語表記のゆれは、次に示す三つの類型に分類することができる。

(1) 異なる文字体系間の対立
　　【例】 ページ－頁　エコ－ECO　パン－ぱん
　　符号などによる表記と他の表記との対立
　　【例】 アット－＠　パーセント－％　クリスマス－Ｘマス
　　外来語表記法の対立
　　【例】 コンピューター－コンピュータ　サービス－サーヴィス

　外来語は一般に片仮名で表記されるが、漢字、平仮名、英字といった他の文字種で表記された例も見られる。例えば、《サービス》は片仮名表記の「サービス／サーヴィス」のほか「Service」という英字表記が見られる。同様のゆれが見られる語として、《ホテル》《クラブ》などがある。用例を見ると、

(2) OS：ウィンドウズ XP　Professional Service Pack 1（PM45_00056）
(3) 下北沢 CLUB Que でワンマンを（PM11_00166）
(4) スキャナー SCANNER 緊迫のイラク国民議会選（PN5 c_00004）

のように、コンピューター関係の用語のほか、新聞・雑誌などの欄のタイトルや固有名詞の例が多く見られる。なお、これら英字表記された例は、書き手が外来語としてではなく、外国語として用いている可能性もある。しかし外来語と外国語とを明確に区別することは非常に難しいため、ここでは外来語表記のゆれを幅広く捉えることとして、英字表記されたものも外来語として扱うこととする。

　英字表記以外に漢字表記、平仮名表記された例も見られる。漢字表記の例としては「珈琲」「合羽」「倶楽部」「煙草」「頁」などが挙げられる。平仮名表記の例としては、「かぼちゃ」「ぎゃらりぃ」「たばこ」「ぱん」「ぷらざ」「ぺーぱー」などが挙げられる。

　上で述べたように現代では外来語は片仮名で表記されるが、明治時代以前には漢字を用いて音訳・意訳されることもあった。今回の調査で見られた漢字表記の外来語のうち、「珈琲」「合羽」「倶楽部」などは音訳であり、「煙草」「頁」

は意訳である。また漢字表記、平仮名表記された外来語の中には、《カッパ》《カボチャ》《タバコ》のように、古くに日本語に入ったことから外来語という意識が既に稀薄になっていると考えられるものもある。

　また平仮名表記の例には、

(5)　ふぉと　ぷらざ　選評　もみじの木にとまって仲良く寄り添う二羽のキジバト（PN1d_00001）

(6)　石の蔵　ぎゃらりぃ・はやし（PN3e_00012）

のように、新聞の欄のタイトルや固有名詞の例がある。

　符号などによる表記と他の表記との対立に分類される語としては、《パーセント》《メートル》《グラム》など単位を表す語が挙げられる。単位を表す語以外の語は、《クリスマス》のみで、「クリスマス」のほか「Ｘマス」が用いられている。

　最後に外来語表記法の対立の例を見ていく。ここに分類されるものとしては、「サービス−サーヴィス」「ボディー−ボディ」「プレー−プレイ」「ウエブ−ウェブ」などがある。これらは片仮名という同じ文字種を用いていながら、表記が固定していない語である。先に外来語の表記のゆれがしばしば問題となっていると述べた。この外来語表記法の対立に属するゆれが、しばしば問題となる外来語表記のゆれである。

　この類型に属するゆれを見ると、例えばバ行音の表記に関するゆれ（「サービス−サーヴィス」）、長音の有無に関するゆれ（「ボディー−ボディ」）、長音符号による表記と連母音による表記とのゆれ（「プレー−プレイ」）など様々な種類がある。次節以降では、外来語表記法の対立に焦点を当て、どのような表記のゆれがあるのか、詳しく見ていくこととする。

　2.　外来語表記のゆれとは　　外来語表記法の対立について具体的に見ていく前に、ここで何を外来語表記のゆれとして認めるのかについて確認をしておきたい。

　そもそも表記のゆれとは、一つの語形（発音）に対して2種類以上の表記が共時的に存在する現象を指す。この定義に厳密に従うと、外来語表記のゆれと

は、「バイオリン−ヴァイオリン」「ビーナス−ヴィーナス」のようなゆれを指すことになる。一方、外来語表記のゆれとして取り上げられることの多い「コンピューター−コンピュータ」「プレー−プレイ」などは、発音の違いに基づく表記の違いということになる。例えば、「コンピューター」は語末を長音化した発音を写したものであり、「コンピュータ」は語末を短呼した発音を写したものである。したがって、これらは表記のゆれから除外されることになる。

　しかしそれにもかかわらず、「コンピューター−コンピュータ」「プレー−プレイ」などが外来語表記のゆれとして扱われるのは、外来語は表記のゆれか発音のゆれかを厳密に判定することが難しいためである。「コンピューター」と書かれていても「コンピュータ」と、「コンピュータ」と書かれていても「コンピューター」と発音する人がいる可能性は高く、語末の長音符号の有無を発音の違いによるものとは言い切れない。これは「プレー−プレイ」についても同様である。

　外来語表記のゆれを調査する場合、表記のゆれを極めて厳密に考えて、「バイオリン−ヴァイオリン」のようなゆれに限定するか、「コンピューター−コンピュータ」のようなゆれも含めて考えるか、立場を明確にしておく必要がある。

　以下の考察では、「コンピューター−コンピュータ」のようなゆれも外来語表記のゆれとして扱うこととする。その理由は、以下の2点である。

　1点目は、上述のとおり外来語においては発音のゆれと表記のゆれとの区別が難しいためである。厳密に範囲を区切ろうとしても判断に迷うものが出てくることは容易に想像でき、そのことで調査の進捗が滞るという事態は避けるのがよいという判断である。

　2点目は、「コンピューター−コンピュータ」のようなゆれが一般には外来語表記のゆれと認識され、表記の問題として取り上げられているためである。外来語表記のゆれとして一般に問題にされるものを除外して、外来語表記の実態調査を行っても、その調査から得られたデータはあまり意味を持たない。特に表記に関する実態調査は、表記の在り方、表記の基準を考える際の基礎的な資料になり得るものであり、可能な限り広い範囲の問題をカバーすることが期待される。調査結果の活用ということを視野に入れた場合、一般に外来語表記のゆれと認識されているものを調査対象に入れる方がよいと考えられる。

3. 外来語表記法の対立　　　前節で述べた立場に立って、**例題1**で作成したピ
ボットテーブルを基に、外来語表記法の対立に属する表記のゆれを見ていく。
なお本節では、頻度10以上の語を対象に、用例数の多いものを取り上げること
とする。

（1）バ行音の表記のゆれ：　　バ行音を「バ・ビ・ブ・ベ・ボ」で表記するか
（「バ」の系列の表記）、「ヴァ・ヴィ・ヴ・ヴェ・ヴォ」で表記するか（「ヴァ」
の系列の表記）というゆれである。この表記のゆれが見られる語を、その表記、
頻度とともに表6.3に示した。この表記のゆれが見られる語は、異なりで6語、
延べで227語である。

「バ」の系列の表記と「ヴァ」の系列の表記とでゆれが見られるものの、用例
数を見ると、《ヌーベル》を除く5語において「バ」の系列の表記に大きく偏っ
ていることが分かる。「アドヴァイス」「カヴァー」「フェスティバル」「ヴィザ」
はそれぞれ1例しか出現していない。「サーヴィス」は3例あるものの、「サー
ビス」が136例あり、この語も「サービス」に大きく偏っている。今回の調査
からは、表記のゆれは見られるものの、「バ」の系列の表記がほぼ定着している
ということができる。

表6.3　バ行音の表記のゆれ

語	表　記	頻　度
サービス	サービス	136
	サーヴィス	3
ヌーベル	ヌーベル	1
	ヌーヴェル	27
アドバイス	アドバイス	18
	アドヴァイス	1
カバー	カバー	17
	カヴァー	1
フェスティバル	フェスティバル	11
	フェスティヴァル	1
ビザ	ビザ	10
	ヴィザ	1

（2）語末長音の表記のゆれ：　語末長音を長音符号で書くか省くかというゆれ
である。この表記のゆれが見られる語を表 6.4 に示した。異なりで 10 語、延べ
で 171 語である。

　表 6.4 を見ると、語末長音といってもア段長音（異なり 5、延べ 90）とイ段
長音（異なり 4、延べ 79）、ウ段長音（異なり 1 語）の 3 種類あることが分か
る。なお原語で見た場合、ア段長音はいずれも原語の語末が -r、イ段長音はい
ずれも原語の語末が -y の語である。

　バ行音の表記のゆれとは異なり、全体としてどちらか一方の表記に大きく偏
るということはない。長音符号を付けた表記（長音表記）が優勢である語は《ボ

表 6.4　語末長音の表記のゆれ

語	表　記	頻　度
ボディー	ボディ	9
	ボディー	30
コンピューター	コンピュータ	16
	コンピューター	17
マネージャー	マネージャ	3
	マネージャー／マネジャー	14
ドゥー	ドゥ	1
	ドゥー	1
パーティー	パーティ	5
	パーティー	10
エアー	エア	8
	エアー	5
モニター	モニタ	1
	モニター	14
テクノロジー	テクノロジ	3
	テクノロジー	8
シティー	シティ	10
	シティー	4
ブラウザー	ブラウザ	11
	ブラウザー	1

ディー》《マネージャー》《パーティー》《モニター》《テクノロジー》の5語である。このうち《モニター》は長音表記を省略した表記（長音無表記）が1例のみである。今回の調査からは、《モニター》は長音表記が定着していると考えられる。

　一方、長音無表記が優勢である語は《シティー》《ブラウザー》の2語である。このうち《ブラウザー》は長音表記が1例のみであり、今回の調査からは長音無表記が定着していると考えられる。《コンピューター》は長音表記が17例、長音無表記が16例で、どちらに偏ることもなく、まさに表記がゆれている状態にある。

　(3) 長音表記と連母音表記のゆれ：　原語の二重母音を長音と捉えて長音符号で書くか（長音表記）、連母音と捉えて連母音で書くか（連母音表記）というゆれである。この表記のゆれが見られる語を表6.5に示した。異なりで10語、延べで217語である。

　この長音表記と連母音表記のゆれは2種類に分類することができる。一つは「プレー−プレイ」「デート−デイト」などのエ段長音と連母音「エイ」とのゆれ（異なり8、延べ158）で、もう一つは「ボウル−ボール」「ショー−ショウ」のオ段長音と連母音「オウ」とのゆれ（異なり2、延べ59）である。

　長音表記と連母音表記とのゆれは、全体としては長音表記が優勢ではあるが、バ行音の表記のゆれとは異なり、長音表記に大きく偏っているわけではない。長音表記が優勢である語は《プレー》《ボウル》《ショー》など7語で、このうち《ショー》《デート》《フェース》は連母音表記が1例のみであり、長音表記が定着しているといえる。

　一方、連母音表記が優勢である語は《エッセー》のみである。また、《メーン》は長音表記12例、連母音表記14例で、《インターフェース》は長音表記6例、連母音表記5例であり、どちらかの表記に偏ることもなく、表記がゆれている状態にある。

　4.　外来語表記の規範　　前節で見たように、外来語表記には様々なゆれが見られる。しかし外来語表記にゆれが見られるといっても、外来語表記に関する基準がないわけではない。国が定めた外来語表記の基準として「外来語の表記」

表6.5　語末長音と連母音表記のゆれ

語	表　記	頻　度
プレー	プレー	33
	プレイ	10
ボウル	ボール	26
	ボウル	5
ショー	ショー	27
	ショウ	1
デート	デート	29
	デイト	1
メーン	メーン	12
	メイン	14
デー	デー	12
	デイ／デイズ	5
インターフェース	インターフェース	6
	インターフェイス	5
プレーヤー	プレーヤー	9
	プレイヤー	2
フェース	フェース	9
	フェイス	1
エッセー	エッセー	2
	エッセイ	8

(1991年、内閣告示第2号、同訓令第1号) がある。「外来語の表記」は、「法令、公用文書、新聞、雑誌、放送など、一般の社会生活において、現代の国語を書き表すための「外来語の表記」のよりどころを示」したものである。

　「外来語の表記」の「留意事項その1 (原則的な事項)」を見ると、

(7) 3.　「ハンカチ」と「ハンケチ」、「グローブ」と「グラブ」のように、語形にゆれのあるものについて、その語形をどちらかに決めようとはしていない。

　　 4.　語形やその書き表し方については、慣用が定まっているものはそれ

　　　による。分野によって異なる慣用が定まっている場合には、それぞ
　　　れの慣用によって差し支えない。

とある。また、外来語の表記に用いる片仮名についても、第 1 表（外来語や外
国の地名・人名を書き表すのに一般的に用いる仮名）と第 2 表（外来語や外国
の地名・人名を原音や原つづりになるべく近く書き表そうとする場合に用いる
仮名）の 2 種が掲げられている。以上のことから、「外来語の表記」が語形の統
一を図ったり、語形選択の基準を示そうとしたりするものではないこと、また
表記の統一を図ろうとするものではないこと、各分野における慣用を認める立
場を取ることが分かる。

　それでは、実際にどのような基準が示されているのか見ておきたい。長音の
表記に関する基準を、次に引用する。

(8)　3　長音は、原則として長音符号「ー」を用いて書く。
　　　　【例】　エネルギー　オーバーコート　グループ　ゲーム　ショー
　　　　　　　　テーブル　パーティー　（以下略）
　　　（注 1 略）
　　　注 2　「エー」「オー」と書かず、「エイ」「オウ」と書くような慣用のあ
　　　　　　る場合は、それによる。
　　　　【例】　エイト　ペイント　レイアウト　スペイン（地）
　　　　　　　　ケインズ（人）　サラダボウル　ボウリング（球技）
　　　注 3　英語の語末 -er, -or, -ar などに当たるものは、原則としてア列の長
　　　　　　音とし長音符号「ー」を用いて書き表す。ただし、慣用に応じて
　　　　　　「ー」を省くことができる。
　　　　【例】　エレベーター　ギター　コンピューター　マフラー
　　　　　　　　エレベータ　コンピュータ　スリッパ

　語末長音については、長音表記を原則としつつも、英語の語末 -er などに当
たるア列長音は、各専門分野の慣用によって長音無表記も許容されている。原
語の二重母音については、「ゲーム」「ショー」「テーブル」という例が挙げられ
ていることから、長音表記を原則としていることが分かる。ただし注 2 の規定

にあるように、連母音表記とする慣用のある語は、連母音表記も許容されている。

　以上のような規定から、「外来語の表記」は緩やかな性格の基準だということが分かる。このような性格が種々の表記のゆれを生む要因の一つとなっていると考えられる。

例題
2　外来語《ディスプレー》（display）には、どのような表記のゆれが見られるか調べよう。

■ データ作成の手順

　BCCWJ に収録されている出版サブコーパスと特定目的サブコーパスの Yahoo! 知恵袋、Yahoo! ブログを「中納言」で利用する。

① 「中納言」の画面の「検索対象を選択」で、「出版・書籍」「出版・雑誌」「出版・新聞」「特定目的・Yahoo! 知恵袋」「特定目的・Yahoo! ブログ」の「コア」「非コア」にチェックを入れる。「短単位検索」で検索条件を「「語彙素」が「ディスプレー」」と指定し、検索結果をダウンロードする。
② ダウンロードした検索結果（Excel ファイル）を開く。ピボットテーブルを用いて、表記頻度表を作成する。 web

■ 考　察

　《ディスプレー》は、出版サブコーパスのコアデータの中に 5 例出現している。その表記は、「ディスプレー」（3 例）と「ディスプレイ」（2 例）の 2 種類が見られた。ここでは、出版サブコーパスのコアデータと非コアデータ、更に特定目的サブコーパス（Yahoo! 知恵袋、Yahoo! ブログ）のコアデータと非コアデータとを検索対象として外来語《ディスプレー》の表記について実態調査を行うこととした。《ディスプレー》の表記と頻度とを表 6.6 に示した。

　表 6.6 を見ると、BCCWJ の出版サブコーパス、特定目的・Yahoo! 知恵袋、同・Yahoo! ブログには 3 種類の表記が用いられていることが分かる。それぞれ

表 6.6　《ディスプレー》の表記

表記（書字形）	頻　度
Display	10
ディスプレー	151
ディスプレイ	519

の用例を次に挙げる。

(9)　　問題は PC の配線だ。本体、Display、外付けスピーカー、Printer、光
　　　　回線、光電話、、、等々（OY05_03813）

(10)　　画面サイズの大きい家庭用ディスプレーへの応用は難しいとされてき
　　　　た。（PB15_00244）

(11)　　つまり、パソコンなどのコンピュータのディスプレイ（モニタ）を長
　　　　時間見続けることで起こる病気の 1 つです。（PM11_00360）

いずれもコンピューターの表示装置を指しており、意味は同一であるが、この
ように 3 種類の表記が見られるのである。

　これら 3 種類の表記は、まず文字種によって用例 (9) の英字表記と用例
(10) (11) の片仮名表記とに分類することができる。また片仮名表記について
は、「ディスプレー」「ディスプレイ」の 2 種類が見られる。したがって外来語
《ディスプレー》には、異なる文字体系間の対立に属する表記のゆれ（Display －
ディスプレー、ディスプレイ）と外来語表記法の対立に属する表記のゆれ（ディ
ィスプレー－ディスプレイ）との二つの類型に属する表記のゆれが見られると
いうことになる。

　外来語表記法の対立に属するゆれ（ディスプレー－ディスプレイ）は、長音
符号による表記と連母音による表記との間のゆれである。原語 display の語末
の二重母音 [ei] をエ段長音と捉えて長音符号で書いたのが「ディスプレー」で
あり、連母音と捉えて連母音で書いたのが「ディスプレイ」である。**例題 1** の
解説の用例 (8) で見たとおり、「外来語の表記」では、原語の二重母音 [ei] はエ
段長音として長音符号を用いて表記するのを原則としている。一方、連母音で
表記する慣用のある語については、その慣用によって表記することも許容して

いる。したがって、「ディスプレー」が「外来語の表記」の原則に当たる表記で
あり、「ディスプレイ」が原則とは異なる、慣用による表記である。

　片仮名表記 670 例中、「ディスプレー」が 22.5％を、「ディスプレイ」が 77.5％
を占めている。「ディスプレイ」が「ディスプレー」の 3 倍以上用いられている
ことから、現代の書き言葉においては、原則とは異なる「ディスプレイ」が《ディ
スプレー》の表記として定着しつつあるといえよう。

　以下**解説**では、この外来語《ディスプレー》を対象として、表記のゆれには
どのような傾向が見られるのかなど、ゆれの実態を詳しく見ていくこととする。

▌解　説

　1. 二重母音 [ei] の表記　　「ディスプレー－ディスプレイ」という表記のゆ
れに見られるように、原語の二重母音 [ei] をエ段長音として長音符号で書くか、
連母音で書くかについては、外来語の表記の基準を考える際に問題となること
が多い。この表記の問題は、そもそも原語の [ei] を、日本語の音韻体系に合わ
せて長音 [e:] で取り入れるか、原語の発音に基づいて母音連続 [ei] で取り入れる
かという発音のゆれに起因するものである。

　「外来語の表記」では、用例 (8) として示した規定にあるとおり、長音として
取り入れられているという立場を取っている。これは、1952 年に国語審議会の
術語・表記合同部会が公表した「外来語の表記について」にある次の規定を踏
襲したものである。

　(12)　なお、原語における二重母音「エイ」「オウ」は長音と見なす。
　　　　ショー（show）　メーデー（May Day）
　　　　【例外】　エイト（eight）　ペイント（paint）

長音符号による表記は、約 60 年前から規範としての地位を占めてきたというこ
とになる。

　しかし近年、原音に基づいて連母音で書こうとする傾向が見られ、そのよう
に表記の基準を改定したものもある。例えば読売新聞社では、main event の表
記を次のように長音符号による表記から連母音による表記に改定している。

(13)　メーンイベント　　main event　主要試合

　　　　　　　　　　（『読売新聞用字用語の手引き』第 3 版、2011）

　　　メインイベント　　main event　主要試合

　　　　　　　　　　（『読売新聞用字用語の手引き』第 4 版、2014）

　新聞の表記は、常用漢字表をはじめとする国が定めた表記の基準に従っている。しかし (13) に示したように一部の語とはいえ、「外来語の表記」の原則とは異なる表記を標準とするように改定したということは、連母音による表記が増えているという認識を持つに至り、その実態に合わせることが妥当と判断したということである。

　また、NHK でも二重母音 [ei] の表記が問題になっている。NHK では原語の二重母音 [ei] について長音表記を本則としているが、一般社会において連母音による表記が増えているため、この本則を再検討する必要があるとして NHK放送用語委員会の検討事項に上がっている。その結果、二重母音 [ei] は長音で発音されるのが一般的であるため、長音符号を用いて表記するのを原則とするが、連母音での発音、表記が慣用となっている語は、放送でも連母音で発音、表記するという方針が示されている。これによって、give-and-take, take out, nature, age, taste などが連母音による表記となっている。

　2.　外来語の表記とレジスター　　　新聞、放送における表記の基準に見られるように、原語の二重母音 [ei] の表記にゆれが生じている。ここで表記に迷った際に判断のよりどころとなる辞典で《ディスプレー》がどのように表記されているかを見ておく。表 6.7 は、小型国語辞典 6 種、片仮名語辞典 3 種における《ディスプレー》の表記を一覧にしたものである。「表記」列に示したのが各辞典における見出しの表記である。見出しに示した表記以外の表記が注記などに示されている場合、その表記を「注記」列に示した。

　表 6.7 を見ると、国語辞典、片仮名語辞典の見出しにおいては「ディスプレー」が多数を占めていることが分かる。「ディスプレイ」を見出しに掲げているのは、『三省堂国語辞典』第 7 版と『現代国語例解辞典』第 5 版のみである。規範を示すという辞典の役割を考えた場合、「外来語の表記」の原則に当たる「ディスプレー」を見出しとして採用することになるのであろう。

表 **6.7**　国語辞典・片仮名語辞典における《ディスプレー》の表記

	表　記	注　記
『岩波国語辞典』第 7 版新版	ディスプレー	ディスプレイ
『現代国語例解辞典』第 5 版	ディスプレイ	ディスプレー
『三省堂国語辞典』第 7 版	ディスプレイ	ディスプレー
『新選国語辞典』第 9 版	ディスプレー	
『新潮現代国語辞典』第 2 版	ディスプレー	
『明鏡国語辞典』第 2 版	ディスプレー	
『コンサイスカタカナ語辞典』	ディスプレー	ディスプレイ
『例文で読むカタカナ語の辞典』	ディスプレー	
『ポケット版外来語新語辞典』	ディスプレー	

　しかし表 6.6 を見ると、このような辞典の見出しは、実態との間に離齬が生じているといわざるを得ない。なお、「ディスプレー」を見出しに挙げる辞典でも、注記で「ディスプレイ」とも表記する辞典も 2 種ある。例えば、『岩波国語辞典』第 7 版新版には、次のように記されている。

（14）　ディスプレー　①陳列。展示。表示。②コンピュータなどの出力結果を表示する装置。「液晶—」▽「ディスプレイ」とも。display

この記述から、見出しに示されたのとは異なる表記があるということは分かる。しかし、「ディスプレー」「ディスプレイ」いずれの表記を取るべきか迷った場合に、参考になるとはいえない。

　このような辞典が多い中、『現代国語例解辞典』第 5 版はコーパスの調査に基づいて数量的な情報を掲載している点で注目される。《ディスプレー》については、コラムに「ディスプレー」と「ディスプレイ」の比率を円グラフで示した上で、「ディスプレイが約 8 割を占めるが、ディスプレーも雑誌で 4 割近くも見られるなど健闘」と述べている。『現代国語例解辞典』第 5 版で利用しているコーパスは、BCCWJ である。「ディスプレイが約 8 割を占める」という記述は、表 6.6 に示した結果に基づいたものである。

　『現代国語例解辞典』第 5 版のこのような試みは、数量的な情報を掲載することが少ない国語辞典において画期的なものといえる。しかしコラムという制約もあってか、記述はごく簡単なものにとどまっている。BCCWJ には、多様な

レジスターが収録されているので、雑誌以外のレジスターについての記述もあ
ってよい。またレジスターによる表記の違い以外に、表記の使い分けに何らか
の傾向が見られないかなどについても調査を行い、表記の実態に関する情報を
充実させていく必要もある。

　そこで本節では表記とレジスターとの関係を、3節では表記と意味との関係
を見ていくこととする。なお以下では、外来語表記法の対立に属する表記のゆ
れ（ディスプレー－ディスプレイ）のみを対象にする。

　「ディスプレー」「ディスプレイ」のレジスター別の頻度を表6.8に示した。表
6.8には、レジスター内での各表記の割合も併せて示した。

　表6.8を見ると、出版・新聞を除く全てのレジスターで「ディスプレイ」が
「ディスプレー」を上回っていることが分かる。ただしここで注意したいのは、
「ディスプレイ」の割合に出版・書籍、同・雑誌と特定目的・知恵袋、同・ブロ
グとで差があるということである。「ディスプレイ」は、特定目的・知恵袋では
約9割を、同・ブログでは約8割を占めており、特に特定目的・知恵袋では「デ
ィスプレイ」がほぼ定着しているといえる状況にある。

　一方、出版・書籍、同・雑誌では「ディスプレイ」の割合は7割前後にとど
まっている。特に出版・雑誌では、「ディスプレイ」が優勢ではあるものの、表
記がゆれている状況ということができる。なお出版・新聞は《ディスプレー》
の頻度が3と非常に少ないため、確定的なことはいえないが、他のレジスター
とは異なり「ディスプレイ」が1例も出現していない点には注意しておく必要
がある。

　以上のように外来語《ディスプレー》の表記は、どのレジスターでも同じよ
うにゆれているのではなく、レジスターによってゆれの度合いに違いが見られ

表6.8　《ディスプレー》の表記（レジスター別）

	ディスプレー		ディスプレイ	
出版・書籍	76	25.9%	217	74.1%
出版・雑誌	44	33.3%	88	66.7%
出版・新聞	3	100.0%	0	0.0%
特定目的・知恵袋	12	8.3%	133	91.7%
特定目的・ブログ	16	16.5%	81	83.5%

ることが分かった。

　レジスターによる差異が見られる要因としては、表記の基準や校閲の有無が考えられる。出版サブコーパスの各レジスターは、程度の差はあるが、編集者の校閲が想定される。特に新聞については、国が定めた表記の基準を基に各社が表記の基準を設けて、表記の統一を図っている。一方、特定目的サブコーパスの知恵袋、ブログでは、どのような表記を用いるかは著者の自由であり、著者以外による校閲もない。

　このことを踏まえて、改めて表 6.8 を見ると、出版・書籍、同・雑誌の方が特定目的・知恵袋、同・ブログよりも「外来語の表記」の原則に当たる表記「ディスプレー」が多い背景には、編集者の校閲が考えられる。出版・新聞については、《ディスプレー》という語の頻度自体が 3 と極めて少ないが、その中で「ディスプレイ」が見られなかった。校閲によって「外来語の表記」の原則に当たる「ディスプレー」に表記が統一されていると考えられる。特定目的・知恵袋、同・ブログで「ディスプレイ」の比率が高いのは、校閲などによって原則に当たる「ディスプレー」に修正されることがないためと考えられる。

　なお、ここで注意したいのは、どのような表記を用いるかが著者の自由に委ねられている特定目的・知恵袋、同・ブログでは「ディスプレイ」の比率が高いこと、編集者の校閲が想定される出版・書籍、同・雑誌においても「ディスプレイ」の比率が高いことである。つまり二重母音 [ei] は、長音符号を用いた規範的な表記よりも、原語の発音により近く表記しようとする連母音による表記が一般化しつつあるということである。

3.　外来語の表記と意味・用法　　《ディスプレー》の辞書記述を見てみよう。(15) は大型国語辞典の『日本国語大辞典』第 2 版、(16) は小型国語辞典の『明鏡国語辞典』第 2 版の記述である。

(15)　ディスプレー〔名〕（英 display）
　　　①展示すること。陳列すること。特に、さまざまのものを見せるために、ある一定の目的、方向性をもって構成・陳列すること。ショーウィンドーや店内など販売に関するものと、展覧会・展示会など宣伝や公共的催物に関するものとに大別される。

　②コンピュータの出力結果を表示する画面。ブラウン管を使用したもの、
　　液晶を使用したものなどがある。

(16)　ディスプレー［display］〔名〕①〔他サ変〕展示すること。陳列する
　　　こと。特に、商品などを人目に引くように工夫して陳列すること。②
　　　コンピューターで、文字や図表を表示する装置。モニター。「液晶—」

　これらの辞書記述から、外来語《ディスプレー》は展示・陳列という意味と
コンピューターの表示装置という二つの意味を持つ多義語ということが分か
る。なお用例 (15) では省略したが、『日本国語大辞典』では「展示すること」
などの用例として『外来語辞典』(1914) を挙げる。このことから《ディスプレ
ー》は、戦前からの歴史を持つ外来語であり、その後、コンピューターの普及
に伴って、「コンピュータの出力結果を表示する画面」という意味が加わり、多
義語化したということになる。

　さて、BCCWJ に用いられた《ディスプレー》を見ると、用例 (9) 〜 (11) と
して挙げたコンピューターの表示装置を指す例のほかに、以下のような展示・
陳列の意味で用いられた例も見いだされる。

(17)　店頭では実際にディスプレイしてオーダーに応じて焼いていく。

　　　　　　　　　　　　　　　　　　　　　　　　　　（PB56_00004, 92110)

(18)　地下街にはまだまだクリスマスのディスプレーのお店や場所が多かっ
　　　たけど、新年っぽい物も。(OY15_21257, 4610)

このほかに次のような医学用語で用いられた例もある。

(19)　そのほか、酵母やバクテリアを利用した細胞表層ディスプレイ法が開
　　　発されている。(PB54_00239, 81940)

(20)　ディファレンシャルディスプレー法は、複数の細胞間あるいは同一細
　　　胞でも特定の誘導処理をしたもの　(PB14_00045, 6010)

用例 (19) (20) は「表示（する）」という意味として捉えられるもので、展示・
陳列という語義に含めて考えることができる。

　以下、本節では《ディスプレー》の二つの語義と表記との関係について見て

いくこととする。なおその際、展示・陳列の意味を語義①と、コンピューター
の表示装置の意味を語義②と呼ぶ。

　表 6.9 は、「ディスプレー」「ディスプレイ」の語義別の頻度と割合を示した
ものである。

表 **6.9** 《ディスプレー》の表記（語義別）

	ディスプレー		ディスプレイ	
語義①	84	40.6%	123	59.4%
語義②	67	14.5%	396	85.5%

　表 6.9 を見ると、語義①②のいずれにおいても「ディスプレイ」の割合が高
いことが分かる。しかしレジスター別に見たときと同様、「ディスプレイ」の割
合には語義によって違いが見られる。語義①では、「ディスプレー」が約 4 割、
「ディスプレイ」が約 6 割となっている。「ディスプレイ」が過半数を占めるも
のの、二つの表記の間でまさにゆれている状況というべきである。これに対し
て語義②は、「ディスプレー」が約 15%、「ディスプレイ」が約 85% となってい
る。語義②では、「ディスプレイ」という表記がほぼ定着しつつあると見てよ
い。

　語義①と語義②とは、『日本国語大辞典』の記述からも分かるとおり、意味の
新旧として捉えられるものである。新しい語義②では、より原語の発音に近く
表記しようとする連母音表記「ディスプレイ」が広まり、ほぼ定着しつつある
状態といえる。この「ディスプレイ」という表記は、更に語義①にも広まり、
表 6.9 に見るような、「ディスプレー」と「ディスプレイ」とで、まさにゆれて
いる状況が生じていると考えられる。

　ところで、このような表記と意味・用法との関係は、他の語においても見ら
れる。ここでは、《ディスプレー》と同じ二重母音 [ei] を持つ《デー》（day）の
事例を見ていく。

　《デー》は BCCWJ に 1,059 例出現する。このうち、1,041 例が複合語中で用
いられており、複合語での使用に偏る語ということができる。表 6.10 は、《デ
ー》が複合語の前項、後項それぞれの場合における [ei] の表記（長音符号によ

表 6.10　《デー》の表記（レジスター別）

	デー		デイ	
前項	17	5.0%	322	95.0%
後項	601	85.6%	101	14.4%

る表記か連母音による表記か）を示したものである。

　表 6.10 を見ると、《デー》が前項のときは 95.0% が「デイ」である。一方、後項のときは 85.6% が「デー」となっている。このことから、複合語中における《デー》の位置と [ei] の表記との間には関連があるといえる。

　《デー》も、以下の辞書記述から分かるように、昼間という意味（以下、語義①とする）と「〜の日」という意味（以下、語義②とする）を持つ多義語である。なお『日本国語大辞典』では、語義②の用例として田村俊子「あきらめ」（1911）と谷崎潤一郎「蓼喰ふ虫」（1928〜29）の例を挙げる。

(21)　デー〔語素〕（英 day）
　　　①他の語に付いて、昼間の意を表わす。「デー-ゲーム」「デー-タイム」
　　　②他の語に付いて、何か特別の催しのある日の名称として用いる。「サービス-デー」「バレンタイン-デー」　　（『日本国語大辞典』第 2 版）
(22)　デー［day］〔名〕①昼間。日中。「―ゲーム」②ある特別の催しのある日。「特売―・バレンタイン―」　　　　　　（『明鏡国語辞典』第 2 版）

　《デー》が前項で用いられている語で度数の高い語は、《デーケア》《デーサービス》《デートレード》などである。後項に用いられている語で度数の高い語は、《メーデー》《バレンタインデー》《ホワイトデー》などである。用例を次に挙げる。

(23)　さらに、デイサービスのような通所系のサービスにおいては、上述した入所施設系のサービスよりも　（PB23_00147, 62770）
(24)　デイケアや作業所のようなリハビリの場を「居場所」として使うことができれば、（PB24_00081）
(25)　完全デイトレードにこだわる人は儲けよりプライドとか哲学に徹して

いるのでしょうか？（OC03_00652）

(26)　そのような抵抗のために、たとえば、バレンタインデーですら利用されます。（PB13_00178）

(27)　マジックナンバーを着々と減らし、Ｘデーはもう目の前だ。

（PM31_01081, 30340）

　複合語の前項にある場合は《デー》が語義①で用いられており、同じく後項にある場合は語義②で用いられている。したがって、表6.10に示した結果は、《デー》の意味と表記との関係と見ることもできる。

　語義①と語義②とは、《ディスプレー》と同様に、意味の新旧として捉えることができる。語義①については、用例（23）〜（25）などから分かるように、近年よく使われるようになった福祉用語や株取引に関する語が多く、新しい外来語ということができる。その新しい語義①では、原語の発音により近く表記しようとする連母音表記「デイ」がほぼ定着している。一方、戦前から用例の確認できる語義②は、連母音による表記「デイ」も見られるものの、依然として長音符号による表記「デー」が標準的な表記として定着している状況にある。この点は、「ディスプレー」との違いである。

　4.　外来語表記の動向　　ここでは、《ディスプレー》を例に二重母音 [ei] の表記のゆれを見てきた。BCCWJ全体で見ると、「ディスプレー」「ディスプレイ」という二つの表記があるものの、「ディスプレイ」が定着しつつあると考えられる。

　しかしレジスター別、語義別に見ていくと、異なった側面が見えてきた。例えば、レジスター別に見た場合、特定目的・知恵袋、同・ブログにおいては、「ディスプレイ」の定着がより進んでいるのに対し、出版・書籍、同・雑誌は特定目的・知恵袋、同・ブログよりも「ディスプレー」の比率が高くなっていた。特に出版・雑誌では、「ディスプレイ」の比率が6割台であり、まさに表記にゆれが見られる状況であった。

　語義別に見た場合も、より新しい語義であるコンピューターの表示装置という意味では、「ディスプレイ」が約85％を占め、この表記がほぼ定着したと見なすことができるのに対して、展示・陳列の意味では「ディスプレイ」が約6

割にとどまっていた。

　以上のように、レジスター、語義といった観点から分析していくと、表記の
ゆれに、ある傾向の見られることが分かる。今後の外来語表記の研究では、ど
のような表記のゆれがあるか、大規模コーパスから網羅的に収集する一方で、
レジスター、語義、語中位置など種々の観点から分析を行い、どのような傾向
が見られるのか詳細に調査していく必要がある。

　また近年、「外来語の表記」の原則とは異なる表記が増加している。ここで見
た、《ディスプレー》《デー》がその例である。「外来語の表記」は日本語におけ
る発音、慣用を重視した原則を示しているが、二重母音 [ei] をはじめとして、原
語の発音に基づいて表記しようとする傾向が出てきている。このような原語の
発音を重視する傾向は、今後ますます強くなっていくと予想される。外来語の
表記がどのような方向に進んでいくか、大規模コーパスなどを活用して、その
動向を観察していくことも外来語表記の研究における重要な課題である。

演習 1　語末長音を持つ外来語を幾つか取り上げ、BCCWJ を使って表記に
ゆれが見られるか調べよう。表記にゆれのある語については、レジ
スターによる差異など、表記のゆれにどのような特徴があるかも調
べてみよう。

演習 2　原語で二重母音 [ei] を持つ外来語を幾つか取り上げ、BCCWJ を使
って表記にゆれが見られるか調べよう。表記にゆれのある語につい
ては、表記と語義との対応についても調べてみよう。

発展　外来語の表記のゆれと発音との間には関連が見られるのだろうか。『日本語話し言葉コーパス』を使って、語末長音を持つ外来語や原語で二重母音 [ei] を持つ外来語を検索し、発音のゆれについて調べてみよう。さらに、その調査結果と表記のゆれの調査結果とを比較し、発音と表記との関係について考えてみよう。

付　　　録

小椋秀樹・金　愛蘭

付録1　見出しの階層構造

　第3章や第5、6章で見たとおり、BCCWJを使うと、語形のゆれ、表記のゆれの実態を容易に把握することができる。これを可能にしているのが、BCCWJの短単位解析に用いた形態素解析用辞書UniDicである。

　まず次の問いをやってみよう。

> **問**　「Web茶まめ」でUniDicとIPA辞書（ipadic）とを使って、次の文を形態素解析してみよう。IPA辞書による解析結果とUniDicによる解析結果とを比較して、「ことば」と「言葉」、「やはり」と「やっぱり」に付与された見出しの情報にどのような違いがあるか、確かめてみよう。
>
> 　「言葉」には、「言葉」と「ことば」の二通りの表記がある。
> 　「やはり」には、「やっぱり」という語形もある。

　IPA辞書は、BCCWJ構築以前から自然言語処理の分野で幅広く使われていた形態素解析用辞書の一つである。「Web茶まめ」では、BCCWJの構築に利用したUniDicのほか、このIPA辞書による解析も行うことができる。UniDicとIPA辞書の解析結果のうち見出しの情報を対照させたのが表1である。

　UniDicの語彙素がIPA辞書の原型に、同様に語彙素読みが読みに対応する。表1を見ると、UniDicによる解析結果では、「言葉」「ことば」のいずれにも語彙素「言葉」、語彙素読み「コトバ」が付与されている。しかしIPA辞書では、読みは「言葉」

表 1　UniDic と IPA 辞書の見出し情報

	UniDic		IPA 辞書	
	語彙素	語彙素読み	原　型	読　み
言葉	言葉	コトバ	言葉	コトバ
ことば			ことば	
やはり	矢張り	ヤハリ	やはり	ヤハリ
やっぱり			やっぱり	ヤッパリ

表 2　UniDic の階層構造の例

語彙素	語彙素読み	語　形	書字形
凄い	スゴイ	スゴイ	凄い
			すごい
		スッゴイ	すっごい

「ことば」のいずれも「コトバ」であるが、原型の情報が異なっている。「言葉」には「言葉」が、「ことば」には「ことば」が付与されている。

　「やはり」「やっぱり」についても、UniDic では同じ語彙素（矢張り）・語彙素読み（ヤハリ）が付与されているが、IPA 辞書では原型も読みも異なっている。

　UniDic の語彙素・語彙素読み、IPA 辞書の原型・読みは、辞書の見出しに当たる情報である。単語 A と単語 B との見出しに違いがあるということは、A・B 両語を別の語と扱っていることになる。上の IPA 辞書の解析結果では、「言葉」と「ことば」、「やはり」と「やっぱり」を別語としているのである。

　日本語には語形のゆれ、表記のゆれといった現象がある。日本語の語彙・表記の研究では、この語形・表記のゆれの実態把握も重要な課題の一つである。このような研究への利用を考えると、異形態や表記の違いを別語とするような解析結果より、同じ語であれば、語形や表記が異なっていても同じ見出しを付与する（同一語と認める）ような解析結果が望ましい。

　UniDic では、表記や語形の違いにかかわらず、同じ語であれば、同じ見出しを与えるという方針を取っている。この方針の下、表 2 に示すように語を階層化した形で登録している。

　表 2 に示した階層構造の最上位が、国語辞典の見出しに相当する語彙素である。こ

の語彙素の下に語形（語形の違いを区別する層）、更に語形の下に書字形（表記の違いを区別する層）という階層を設けている。

　この階層構造は、BCCWJ にも反映している。「中納言」からダウンロードした KWIC を見ると、語彙素、語彙素読み、語形という列がある。これは UniDic の語彙素、語彙素読み、語形と同じ情報である。KWIC にある書字形基本形が、UniDic の書字形である。

　表 2 のような階層構造を持った情報が BCCWJ にも付与されているため、語彙素を検索することで、異形態・異表記にかかわらず、全ての用例を抽出することができるし、語形を検索することで特定の語形の異表記を全て抽出することができる。そしてその結果を基に、語形のゆれ、表記のゆれの実態を把握することができるのである。

（小椋秀樹）

付録 2　見出しの立て方

　BCCWJ の短単位解析に用いた形態素解析用辞書 UniDic では、同じ語であれば、語形や表記が異なっていても同一の語と認めている。それでは、どのようにして同じ語か異なる語かの判別を行っているのであろうか。以下、この問題について説明することとする。

　BCCWJ を利用する際に、どのように短単位に区切られているのかがよく問題となる。そのため短単位の認定方法について解説したものは多い。しかし、何を同じ語としているのか、別の語としているのか（語の幅の問題）についても理解しておかないと、BCCWJ をうまく使いこなすことはできない。このことについて、動詞《アウ》を例に説明しよう。BCCWJ を検索すると、《アウ》の表記として漢字表記「会う」「合う」「遭う」「逢う」「遇う」に加えて平仮名表記「あう」が用いられていることが分かる。
　UniDic において、これらの表記の語彙素がどのようになっているか（どのように同語異語の判別が行われているか）を示したのが、表 3 である。表 3 では、説明の都合上、主たる書字形のみを挙げている。
　表 3 を見ると、大きく「合う」と「会う」とに語彙素を分けており、語彙素「合う」の下に「あう」「合う」を、語彙素「会う」の下に「あう」「会う」「逢う」「遭う」「遇

表 3　《アウ》の語彙素・語形・書字形

語彙素	語彙素読み	語　形	書字形
合う	アウ	アウ	あう
			合う
会う	アウ	アウ	あう
			会う
			逢う
			遭う
			遇う

う」を登録している。つまり、UniDic では「合う」と「会う」「逢う」「遭う」「遇う」とを別語（同音異義語）と認めているのである。

「合う」と「会う」とを別語とすることに違和感はないだろうが、「会う」と「遭う」とを同語とすることに違和感を持つ人がいるかもしれない。

常用漢字表には「会」「合」「遭」の 3 字が掲げられており、3 字とも「あう」という訓を持っている。そのためこれら 3 字の書き分けが問題となる。「「異字同訓」の漢字の使い分け例（報告）」（2014 年 2 月 21 日、文化審議会国語分科会）には、次のようにある。

(1) 【会う】　主に人と人が顔を合わせる。

　　客と会う時刻。人に会いに行く。駅でばったり友人と会った。投票に立ち会う。二人が出会った場所。

　　【合う】　一致する。調和する。互いにする。

　　意見が合う。答えが合う。計算が合う。目が合う。好みに合う。部屋に合った家具。割に合わない仕事。会議で話し合う。幸運に巡り合う。

　　【遭う】　思わぬことや好ましくない出来事に出くわす。

　　思い掛けない反対に遭う。災難に遭う。にわか雨に遭う。

UniDic で同語としている「会う」と「遭う」については、前者を「人と人とが顔を合わせる」という意味で、後者を「思わぬことや好ましくない出来事に出くわす」という意味で使うとしていることから、「会う」と「遭う」とは別語と意識している人も多いと考えられる。それだからこそ、表 3 のような構造になっていることを理解しておかないと、正しく解析されているのに誤解析と思ったり、誤解析であるのに正解だと思ったりすることになり、正確な分析ができなくなるのである。

UniDic の同語異語判別基準は、小椋・小磯・冨士池ほか（2011）に記載されている。それを見ると、基本的方針として以下の二つが掲げられている。

(2) 方針 1：同表記異語を生じさせるような語彙素の立て方はできる限り行わない。

　　方針 2：複数の語彙素に分ける場合は、明確な基準・理由をもってし、人手で正確に区別できないような語彙素の分割は行わない。

　このような方針が取られているのは、そもそもこの同語異語判別が自動形態素解析を前提としていることによる。自動形態素解析で、高い精度を確保するためには、同じ表記かつ同じ品詞でありながら、別語となるような見出しの立て方をできる限り少なくする必要がある。例えば、動詞《オサマル》において、漢字表記「収まる」「納まる」よりも平仮名表記が多く用いられており、しかも平仮名表記が「収まる」の意と「納まる」の意の両方で用いられ、用例数も両者で拮抗しているとする。このような場合、「収まる」と「納まる」とを別語とすると、同じ平仮名表記でありながら、別語とされる例が多くなり、解析精度の低下を招くのである。

　またより高い精度の形態素解析を実現するためには、高い精度の学習用データを作成する必要がある。学習用データ作成には、自動形態素解析後の人手修正が必須となるが、「人手で正確に区別できないような」同語判別の基準を作成していると、人手修正をしてもかえって精度が低下するおそれがある。

　UniDic の同語異語判別では、(2) の基本的方針の下、複数の国語辞典における見出しの立項状況、BCCWJ における各表記の頻度情報などを参照して、総合的に判断している。ここで例にしている動詞《アウ》について見てみると、まず各表記の頻度は表 4 に示したとおりである（表 3 に示した書字形のみ示している）。

　各表記のうち平仮名表記「あう」が問題となるが、この大半は「合う」の意と「遭う」の意とで、両者がほぼ拮抗している。ただし「合う」の意の場合、多くは接尾的用法で前接語が動詞連用形である。一方、「遭う」の意の場合、前接語はすべて格助詞「に」である。前接語に明確な差異が認められ、人手での判別も容易であるため、平仮名表記「あう」を「合う」と「遭う」とに分けることは問題ない。さらに、「会う」については、漢字表記も含めて格助詞「に」が前接語となることが多い点で「遭

表 4　《アウ》の表記別頻度

	頻　度
あう	2,473
逢う	920
会う	13,207
遇う	101
合う	8,522
遭う	1,323

う」と類似している。また辞書でも「会う」と「遭う」とは同じ見出しにまとめられ
ている。

　以上のような検討を踏まえて、最終的に表 3 に示したような語彙素の立て方をして
いるのである。

　小椋・小磯・冨士池ほか（2011）には、和語の動詞 161 語、形容詞 19 語、名詞 34
語の同語異語判別結果が掲載されている。BCCWJ を利用する際には、これも参照さ
れたい。

（小椋秀樹）

参 考 文 献

小椋秀樹・小磯花絵・冨士池優美・宮内佐夜香・小西光・原裕（2011）『現代日本語書き言葉
　　均衡コーパス』形態論情報規程集　第 4 版（下）（国立国語研究所内部報告書、LR-
　　CCG-10-05-02)

付録 3　BCCWJ における語種の認定

> **問**　以下の文を「Web 茶まめ」で解析し、「語種」列の情報を確認しよう。
>
> 　鈴木さんは佐藤先生から借りたソニーの PC を、上野公園のベンチに置き忘れた。

　「Web 茶まめ」の解析結果を見ると、「語種」列に「和」「漢」「外」「固」「記号」という情報が入っている。ここで、注意しなければならないことが二つある。

　一つは、「固有名」「記号」は語種ではないということである。第 4 章で述べたとおり、語種とは、単語の出自による語彙的カテゴリーであり、日本語の場合は、和語・漢語・外来語・混種語の 4 分類とすることが一般的であるが、そこに「記号」や「固有名」という語種はないのである。

　このうち、「記号」については、そもそも単語ではない句読点など「補助記号」に語種の情報が付けられないことは当然であるとしても、「PC（ピーシー）」といった頭字語（ローマ字略語）もまた、句読点とは違い、れっきとした単語であるにもかかわらず、（外来語ではなく）「記号」とされていることに注意しなければならない。

　同様に、「固有名」も明らかに単語ないしは形態素であるから、当然、個々の固有名はそれぞれの語種を持っている。上の文では、「鈴木」「上野」は和語、「佐藤」は漢語、「ソニー」は外来語（ただし、いずれも純粋の和語、漢語、外来語ではなく、それらを利用した造語）のはずだが、「Web 茶まめ」はこれらに語種とは無関係な「固有名」という情報を与えている。実は、この処理は、国立国語研究所が行ってきた語彙調査のやり方を基本的には踏襲するものである。「基本的には」というのは、国立国語研究所の雑誌・新聞・教科書などの語彙調査では、「固有名」全般ではなく、「人名」と「地名」のみが別扱いにされているからである。これは、少なくとも日本の人名・地名に関する限り、その語種を問うことがほとんど問題とならないため、妥当な扱いといえる。しかし、「Web 茶まめ」では、人名・地名以外の固有名全般に（語種ではなく）「固有名」という情報が付与されている。

　BCCWJ は、形態論情報のアノテーションに、「Web 茶まめ」が利用しているのと

同じ UniDic を使っている。BCCWJ の語種の分類については、小椋・小磯・冨士池ほか（2011：66-67）で以下のように説明されている。

　日本語の語種は一般に、和語、漢語、外来語と、これら3種類の語種のうち異なる2種類以上の語種の語が結合した混種語の4種類に分けられる。BCCWJ では、この4種類のほかに固有名、記号の2種類を加えた6種類に分類した。

　なお、各語に語種を付与するに当たっては、〔〕内の略称などを用いた。

(1)　和語〔和〕
　　　日本固有の語　【例】　暖かい　言葉　話す

(2)　漢語〔漢〕
　　　近世以前に中国から入った語　【例】　音楽　国語　報告
　　　和製漢語も漢語とする。　【例】　大根　返事

(3)　外来語〔外〕
　　　欧米系の諸言語から入った語　【例】　ゲーム　コーパス　データ
　　　上記のほか、以下のものも外来語とする。
　　①和製英語　【例】　アフレコ　ナイター
　　②梵語などを中国で音訳した語に由来する語　【例】　阿羅漢　盂蘭盆　卒塔婆
　　③アイヌ語から入った語　【例】　昆布　鮭　ラッコ
　　④中国以外のアジア諸国語から入った語　【例】　キムチ　カボチャ　パッチ
　　⑤近代以降に中国から入った語　【例】　クーニャン　シュウマイ　メンツ

(4)　混種語〔混〕
　　　和語・漢語・外来語のうち異なる2種類以上の語種の語が二つ以上結合した語。漢語・外来語であったものの末尾が活用するようになった語
　　　　　　　　【例】　塩ビ　トラブる　本箱　力む

(5)　固有名〔固〕
　　　人名・地名・商品名など。品詞が固有名詞となる語
　　　　　　　　【例】　大阪　星野　仙一　ソニー

(6)　記号〔記号〕
　　　句読点・括弧などの補助記号や、箇条書きの項目名として使われた一字

の片仮名などの記号。固有名以外のローマ字略語

【例】　ア　イ　A　B　OHP

　「Web 茶まめ」の解析結果で、もう一つ注意しなければならないのは、助詞・助動詞に語種の情報を付けている、ということである。助詞・助動詞は文法的な形態素であり、語彙を構成するという意味での単語ではないから、そもそも、その単語がその言語の固有語であるか、それとも外国語からの借用語であるかという語種の問題は問えないはずである。

　しかし「Web 茶まめ」はこれらにも語種の情報（当然、すべて和語）を与えている。これは、国立国語研究所の語彙調査の伝統とは無関係な、UniDic 独自の処理である。

　以上のことから、「Web 茶まめ」の語種情報を利用し、それを集計するときなどには、少なくとも助詞・助動詞は除き、「記号」「固有名」については、それらを語種として扱うか、それとも集計から除くかを考慮することが必要になる。「記号」を語種として扱う場合には、品詞が「名詞」であるもの（ローマ字略語）に限る（句読点などの補助記号を除く）などの工夫も必要である。　　　　　　　　　　（金　愛蘭）

参 考 文 献

小椋秀樹・小磯花絵・冨士池優美・宮内佐夜香・小西光・原裕（2011）『現代日本語書き言葉均衡コーパス』形態論情報規程集 第 4 版（下）（国立国語研究所内部報告書、LR-CCG-10-05-02）

付録 4　BCCWJ を使った経年変化調査

　BCCWJ は 1976～2009 年の約 30 年間に書かれたり、刊行されたりした書き言葉を収録したコーパスである。約 30 年の幅を持つコーパス全体を一つの共時態と見なして研究することもできるし、年代幅をいかして現代における言葉の変化を研究することもできる。

　BCCWJ は三つのサブコーパス、13 種類のレジスターによって構成されている。ここで注意したいのは、BCCWJ の全てのレジスターが 30 年という年代幅を持っているわけではないということである。表 5 は、各レジスターのサンプル抽出年代を一覧にしたものである。

　表 5 を見ると、図書館サブコーパスは 1986～2005 年の 20 年間から、特定目的サブコーパスのうちベストセラー、白書、法律、国会会議録は 1976～2005 年の 30 年間からサンプルを抽出していることが分かる。このように数十年の年代幅を持つレジスタ

表 5　レジスターのサンプル抽出年代

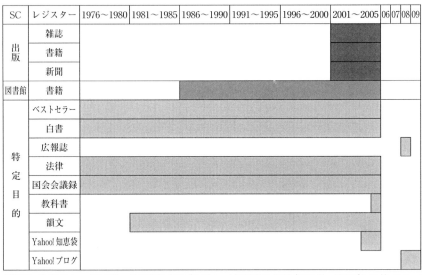

※「SC」はサブコーパスの略。教科書は 2005 年、Yahoo! 知恵袋は 2004 年 10 月～2005 年 10 月、Yahoo! ブログは 2008 年 4 月～2009 年 4 月。

ーがある一方で、出版サブコーパスは 2001〜2005 年の 5 年間という短い期間から、ま
た特定目的サブコーパスの広報誌、教科書、Yahoo! 知恵袋、Yahoo! ブログは 1 年間
という更に短い期間からサンプルを抽出している。このように BCCWJ は、レジスタ
ーによってサンプル抽出年代にかなりの違いがある。

　さらに表 5 から分かることとして、特定目的・広報誌、同・Yahoo! ブログを除く全
てのレジスターのサンプル抽出年代に 2001〜2005 年が含まれていることが挙げられ
る。BCCWJ の収録語数・約 1 億語のうち、約 54 ％に当たる 56,197,000 語が 2001〜
2005 年の 5 年間から抽出されている。BCCWJ の収録語数は一部の期間に偏っている
のである。

　このような構造を持った BCCWJ を使って書き言葉の経年変化を調べる際に、レジ
スターを限定せずに使うと、どうなるだろうか。図 1 は、BCCWJ 全体を使って外来
語「オープン」の経年変化を調査した結果である。図 1 では、1976〜2008 年を 5 年刻
みにして、「オープン」の頻度の変化を示している。

　図 1 を見ると、2000 年まで緩やかに増加していたのが、2005 年にかけて急激に増
加し、その後、一転して急激に減少するという変化をしている。2000 年以降、急激に
増加するのは、外来語使用の増加に伴うものと解釈できそうであり、図 1 に示された
調査結果に何の違和感も持たないかもしれない。

　しかし先に述べたように、BCCWJ の収録語数の約 54 ％は、2001〜2005 年から抽出
されたものである。2001〜2005 年の 5 年間とその前後の期間とでは、収録語数が異な

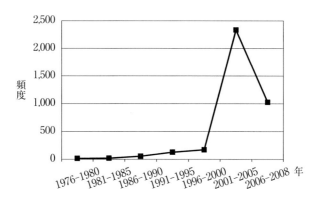

図 1　「オープン」の頻度の変化（BCCWJ 全体）

っている。「オープン」の頻度が 2001～2005 年で急激に増加するのは、そもそもこの 5 年間の収録語数が多いことの反映でしかない。

　以上のような問題を解決する方法として、各期間の収録語数を調べ、100 万語当たりの調整頻度を求めることが考えられる。しかし BCCWJ の各レジスターはサンプル抽出年代が異なるだけでなく、言語的性格にも違いがある。そのため調整頻度を求めたとしても、経年変化を正確に把握することができない。

　例えば、1976～1980 年からサンプルを抽出しているレジスターは、特定目的・白書、同・ベストセラー、同・法律、同・国会会議録である。この 5 年間は、大部分が国の機関が作成した公的な文書で占められている。白書・法律・国会会議録は、国が定めた表記の基準に従って書かれており、白書・法律には用語の基準もある。一方、2004 年以降からサンプルを抽出しているレジスターの中には、特定目的・知恵袋、同・ブログが含まれており、しかもこの二つのレジスターはそれぞれ約 1,000 万語であり、出版・書籍、図書館・書籍に次ぐ延べ語数である。これらのレジスターに収められているサンプルは個人が作成し、ネットに公開した文書で、表記や用語に関する基準は存在しない。表記・用語の選択は、完全に書き手に任されている。

　このように BCCWJ は、サンプル抽出年代によって語数が異なるだけでなく、各レジスターの書き言葉としての性格もかなり異なっているのである。レジスターの言語的性格の違いを考慮せずに、BCCWJ 全体を調査資料にした場合、語の頻度に変化が見られても、語の定着や衰退によるものなのか、各年代でレジスターに違いがあり、またレジスターの言語的性格が異なるために頻度に違いが生じているのか判断が難しく、変化をうまく捉えることができないのである。

　以上の問題を踏まえると、経年変化を調査する場合には、単一のレジスターを使うのが適切である。それに適したレジスターとして、図書館・書籍が挙げられる。図書館・書籍では、東京都内の 13 自治体以上に共通して所蔵されている書籍を母集団としてサンプルを抽出している。書き言葉の流通という側面に着目したもので、より多くの人に読まれたと考えられる書き言葉と位置付けられるものである。図書館・書籍は、全体で延べ約 3,000 万語と収録語数も多く、5 年ごとに区切った場合、最も語数の少ない 1986～1990 年で延べ約 480 万語、最も語数の多い 2001～2005 年で延べ約 880 万語と、経年変化を見るのにも十分な規模を有している。

　なお、BCCWJ には図書館・書籍以外にも、サンプル抽出年代に数十年の幅があり、

経年変化に利用できそうなレジスターがある。特定目的サブコーパスの白書、ベスト
セラー、韻文、法律、国会会議録である。しかし、白書、法律、国会会議録は、国の
機関が作成した公的な文書であり、一般社会における言語変化を見るには、不向きな
レジスターである。韻文は、特殊なジャンルであること、そもそも語数が少ないこと
から、適切な資料とはいえない。ベストセラーは、実際に多くの人々に読まれたもの
として重要なレジスターではある。しかし延べ語数が約 370 万語、各年 10 万語程度
と、データ規模の点で問題がある。

　図書館・書籍のみを資料として、外来語「オープン」の頻度の変化を調査した結果
を図 2 に示した。図 2 では、5 年刻みで頻度を集計し、各期間の延べ語数を基に 100
万語当たりの調整頻度を求めている。

　図 2 を見ると、1991～1995 年と 1996～2000 年との間で、頻度がやや減少するもの
の、全体としては増加傾向にあることが分かる。「オープン」が、1986～2005 年の間
に徐々に定着していったことが確認できる。

　BCCWJ は現代日本語の研究を進める上で不可欠のデータである。しかしそのデー
タ構造、収録したレジスターの資料的性格について理解した上で利用しないと、誤っ
た結論を出すことになる。

　日本語史研究では、内省が利用できないため、資料性の検討について厚い蓄積があ
る。一方、現代語の研究では、1990 年代から『CD-ROM 版 新潮文庫の 100 冊』や新
聞のテキストデータを用いた研究が行われるようになり、現在ではコーパスや Web を
利用した研究も行われているが、資料の性格について十分な検討を加えたものは少な

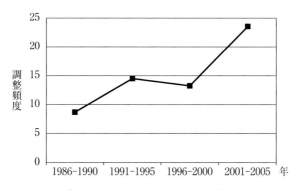

図 2　「オープン」の頻度の変化（図書館・書籍）

いように思われる。現代語の研究であっても、コーパスなどを用いて研究する以上、資料についての理解、資料性の吟味は必須のことである。この点は、これまでの日本語史研究に学ぶ必要がある。

（小椋秀樹）

索　引

欧　文

KWIC　74
L 字型分布　34
MVR　38
NINJAL-LWP for BCCWJ　74
UniDic　128, 131
Web 茶まめ　24, 63, 64, 69

ア　行

青空文庫　64

異形態　48
異語形　48
異字同訓　95-97, 132
意味特徴　79
意味の変化　52
意味分野　73
意味分類　61

送り仮名　87
音変化　48

カ　行

改定常用漢字表　20
外来語　63, 79, 87, 136
——の表記　112
——表記のゆれ　108
外来語表記法の対立　110
書きことば　78
仮名遣い　87
仮名文字専用論　16
樺島の法則　37
カバー率　31
漢語　63, 78, 136
漢字使用の目安　20
漢字制限　19
漢字節減論　15
漢字廃止論　15
関数　70

記号類　70
規範的　48
共起語　74
共起パターン　74, 76

形態素解析　24, 69
形態素解析ツール　63
経年変化　139-141
計量語彙論　12
言語単位　27

語　4
——の長さ　5
——の認定　26

——の幅　5, 7
語彙　2, 3
　——の体系　9-11, 79
　——の二面性　8
語彙集合論　11
語彙素　129, 131
語彙素読み　129
語彙体系論　8
語彙調査　12, 64, 69
語彙表　24, 64, 69
語彙頻度表　65
語彙論　8, 9
高頻度語　34, 66, 67, 69, 70
語感　79
語義　78
国語国字問題　15
国語施策　101
　——の見直し期　19
国字問題　15
国立国語研究所　12
語形　130
　——のゆれ　129
語構成　79
語種　63, 78, 79, 136
語種構成比　64, 69
異なり語数　22, 65
固有名　70
コロケーション　76, 77
コンコーダンサ　74
混種語　63, 136

サ　行

雑誌九十種調査　67, 68

借用語　79
種差　80
主題語　69

使用度数　30
使用頻度　30
常用漢字表　17, 19, 20, 88, 92, 96, 97, 101
使用率　30
助詞　70
書字形　130
助動詞　68, 70

接尾辞　68
戦後の国語改革期　19

粗頻度　29

タ　行

対義語　53, 56
　——の非対称性　57
短単位　27

長音符号　117
調査単位　27
調整頻度　28
長単位　27

低頻度語　34
テーマ語　69, 72

同音異義語　95
同訓異字　95
同語異語判別基準　132
統合機能　69
統合語彙表　70
当用漢字音訓表　19, 96
当用漢字字体表　19, 96
当用漢字表　19, 95, 100, 101
特徴語　69
度数　30
度数順位　30

ナ　行

二重母音　117, 118

延べ語数　22, 65

ハ　行

話しことば　78
バリエーション　48

非規範的　48
ピボットテーブル　64, 69
表外音　89
表外漢字　88, 96
表外訓　89
表記のゆれ　86, 87, 108, 129
標準漢字表　17
品詞構成比率　34
頻度　30
頻度順位　30

文体　48, 78
分類語彙表　73

骨組み語　68, 72

マ　行

無性格語　69

名詞率　38

ラ　行

量的構造　26

類概念　79
累積使用率　30
累積度数　30

レジスター　75, 138
連母音　117, 118

ローマ字専用論　16

ワ　行

和語　63, 78, 136

著者紹介

() 内は担当章

編著者

おぐら ひでき
小椋 秀樹　　立命館大学文学部教授　　（第 1 章、第 5 章、第 6 章、付録）

大阪大学大学院文学研究科博士後期課程修了、博士（文学）

専門はコーパス日本語学。コーパスを活用した近代・現代における語彙・表記の研究に取り組んでいる。

主な著書　「大正〜昭和前期における演説の文体」（相澤正夫・金澤裕之編『SP 盤演説レコードがひらく日本語研究』、笠間書院、2016 年）、「第 4 章　形態論情報」（前川喜久雄監修、山崎誠編『講座日本語コーパス 2　書き言葉コーパス 設計と構築』、朝倉書店、2014 年）、「第 4 章　『女学雑誌』の誕生とその語彙」（陳力衛編『シリーズ〈日本語の語彙〉5　近代の語彙（1）―四民平等の時代―』、朝倉書店、2020 年）

著者

ふじいけ ゆみ
冨士池優美　　玉川大学文学部准教授　　（第 2 章）

日本女子大学大学院文学研究科博士後期課程単位取得満期退学、修士（文学）

専門は日本語学。古代語・現代語を対象としたコーパスを用いた計量的研究と、その国語教育への応用に取り組んでいる。

主な著書／論文　『ひつじ研究叢書〈言語編〉コーパスと日本語史研究』（共著、ひつじ書房、2015 年）、「平安時代和歌の語彙の量的構造」（『文学・語学』211、2014 年）、「『枕草子』の語彙　章段分類と品詞比率の関係」（『日本語学』33、2014 年）

みやうちさ や か
宮内佐夜香　　中京大学文学部准教授　　（第 3 章）

東京都立大学大学院人文科学研究科博士課程修了、博士（文学）

専門は日本語文法史。主として近世以降の接続表現研究。各種コーパスを用いた文体研究にも取り組んでいる。

主な著書／論文　「接続助詞とジャンル別文体的特徴の関連について―『現代日本語書き言葉均衡コーパス』を資料として―」（『国立国語研究所論集』3、2012 年）、「落語の「会話」と「地」の東西比較―接続辞使用傾向から見るスタイル―」（金澤裕之・矢島正浩編『SP 盤落語レコードがひらく近代日本語研究』笠間書院、2019 年）

きむ　　え らん
金　　愛蘭　　日本大学文理学部准教授　　（第 4 章、付録）

大阪大学大学院文学研究科博士後期課程修了、博士（文学）

専門は日本語学・日本語教育。コーパスを用いた日本語研究とその教育への応用にも取り組んでいる。

主な著書／論文　『20 世紀後半の新聞語彙における外来語の基本語化』（『阪大日本語研究』別冊 3、2011 年）、「文章構成機能からみた外来語の基本語化」（『計量国語学』29-6、2014 年）

かしのわかこ
柏野和佳子　　　国立国語研究所准教授　　　（第5章）

東京工業大学大学院総合理工学研究科博士後期課程修了、博士（学術）

専門は国語学。コーパスの構築やコーパスを活用した辞書記述方法の研究に取り組んでいる。

主な著書　『岩波国語辞典 第8版』（編集、岩波書店、2019年）、『広辞苑 第7版』（分担執筆、岩波
　　　　　書店、2018年）、『小学生から身につけたい一生役立つ語彙力の育て方』（共著、
　　　　　KADOKAWA、2018年）

コーパスで学ぶ日本語学

日本語の語彙・表記 　　　　　　　定価はカバーに表示

2020 年 5 月 1 日　初版第 1 刷
2022 年 2 月 25 日　　　第 2 刷

編　者　小　椋　秀　樹

発行者　朝　倉　誠　造

発行所　株式会社　朝　倉　書　店
　　　　東京都新宿区新小川町 6-29
　　　　郵 便 番 号　　162-8707
　　　　電　話　03（3260）0141
　　　　FAX　03（3260）0180
　　　　https://www.asakura.co.jp

〈検印省略〉

教文堂・渡辺製本

ⓒ 2020〈無断複写・転載を禁ず〉

ISBN 978-4-254-51652-4　C 3381　　　Printed in Japan

好評の事典・辞典・ハンドブック

脳科学大事典	甘利俊一ほか 編 Ｂ５判 1032頁
視覚情報処理ハンドブック	日本視覚学会 編 Ｂ５判 676頁
形の科学百科事典	形の科学会 編 Ｂ５判 916頁
紙の文化事典	尾鍋史彦ほか 編 Ａ５判 592頁
科学大博物館	橋本毅彦ほか 監訳 Ａ５判 852頁
人間の許容限界事典	山崎昌廣ほか 編 Ｂ５判 1032頁
法則の辞典	山崎 昶 編著 Ａ５判 504頁
オックスフォード科学辞典	山崎 昶 訳 Ｂ５判 936頁
カラー図説 理科の辞典	山崎 昶 編訳 Ａ４変判 260頁
デザイン事典	日本デザイン学会 編 Ｂ５判 756頁
文化財科学の事典	馬淵久夫ほか 編 Ａ５判 536頁
感情と思考の科学事典	北村英哉ほか 編 Ａ５判 484頁
祭り・芸能・行事大辞典	小島美子ほか 監修 Ｂ５判 2228頁
言語の事典	中島平三 編 Ｂ５判 760頁
王朝文化辞典	山口明穂ほか 編 Ｂ５判 616頁
計量国語学事典	計量国語学会 編 Ａ５判 448頁
現代心理学［理論］事典	中島義明 編 Ａ５判 836頁
心理学総合事典	佐藤達也ほか 編 Ｂ５判 792頁
郷土史大辞典	歴史学会 編 Ｂ５判 1972頁
日本古代史事典	阿部 猛編 Ａ５判 768頁
日本中世史事典	阿部 猛ほか 編 Ａ５判 920頁

価格・概要等は小社ホームページをご覧ください.